MomentMal

Anspiele für Neugierige

Andrea Binkowski – Jonas Goebel

MomentMal
Anspiele für Neugierige

Humorvoll – Kurzweilig – Praxiserprobt

Bibliografische Information der Deutschen Nationalbibliothek:
Die Deutsche Nationalbibliothek verzeichnet diese Publikation in der Deutschen Nationalbibliografie;
detaillierte bibliografische Daten sind im Internet über http://dnb.dnb.de abrufbar.

Herausgegeben von Andrea Binkowski und Jonas Goebel
Mitarbeit: Jörg Wischnauski, Christoph Thies
Illustration: Lucas Lütz

Herstellung und Verlag: BoD – Books on Demand, Norderstedt

facebook.com/anspiele

ISBN: 978-3-7322-9017-8

INHALTSVERZEICHNIS

Vorwort..7

Der MomentMal Gottesdienst...8

Allgemeine Einführung 9

Anspiele 11

    Kreuz ist Trumpf...11

    Suchst du noch oder lebst du schon? 16

    Nehmen Sie die Wahl an? 20

    Freiheit, die ich meine 23

    Dreifach einmalig 27

    Gebet – da werden Sie geholfen 32

    Hinterm Horizont 35

    Geist ist geil 39

    Wellness für die Seele 42

    Jeder nach seiner Fasson 47

    Invasion der Engel 52

    Das Glück ist immer da, wo ich nicht bin 56

    Leben am Limit 61

    Ja, ich will! 66

    Keine Zeit 72

    Außerirdisch 76

    Zum Glück 81

    Bild dir deine Meinung 86

    BeGEISTert leben 91

    Beweise mir Gott! 96

Themenregister 100

Sehr kleine Anmerkung zu Beginn...

An dieser Stelle meldet sich – ganz klein und nur ganz kurz – der Pastor zu Wort. Ganz klein, weil es ein Segen ist, dass ein Pastor in dieser Art von Gottesdienst (MomentMal) keine große Rolle spielen muss. Durch die engagierten Teammitglieder mit ihrer kreativen Lust bleibt die Botschaft lebendig, authentisch, frisch und alltagstauglich. Ein Pastor im Vordergrund würde die ganze Kiste nur wieder einmotten. Eine Pastorin auch. Daher freue ich mich, lediglich die Ansprechperson, der Zusammenrufer und Organisator im Hintergrund zu sein und ab und an auch mal einen kleinen Predigtimpuls beisteuern zu dürfen. Danke an Jonas Goebel und Andrea Binkowski, die dieses Büchlein auf den Weg gebracht haben. Danke den vielen anderen, die im MomentMal-Gottesdienst Ihre Zeit und Originalität einsetzen, um Menschen auf Jesus aufmerksam machen. Danke Gott.

Dirk Fanslau
Pastor der Ev.-Luth. Kirchengemeinde Eidelstedt

VORWORT

MomentMal, das ist ein Gottesdienstkonzept der Evangelisch-Lutherischen Kirchengemeinde Eidelstedt im Nordwesten Hamburgs. Zu diesem Konzept gehören als fester Bestandteil Anspiele, die sich mit dem Thema des Gottesdienstes auseinandersetzen. Seit vielen Jahren haben wir als Theaterteam der Kirchengemeinde fast monatlich die Aufgabe, ein neues, passendes Anspiel zu schreiben oder zu finden. In all den Jahren haben sich viele eigene Stücke angesammelt. Eine Auswahl davon ist nun in diesem Buch zu finden. Praxiserprobt, überarbeitet und mit allen wichtigen Zusatzinformationen übersichtlich dargestellt. Außerdem finden Sie am Ende des Buches die Anspiele nach Themen sortiert – so können Sie schnell und einfach nachschauen, ob für Ihr gesuchtes Thema etwas dabei ist.

Wir als Team sind immer wieder froh, wenn wir in Büchern oder im Internet auf schon vorhandene Stücke stoßen, die uns beim selber Schreiben inspirieren oder die wir sogar komplett übernehmen können. Viele Jahre haben wir „genommen" – nun möchten wir mit diesem Buch ein wenig „zurückgeben". Wir haben alle selbstgeschriebenen Stücke durchgesehen und die aus unserer Sicht 20 besten ausgewählt. Wir lieben das Schreiben und Spielen und freuen uns, wenn wir Gleichgesinnten die Arbeit durch dieses Buch ein wenig erleichtern können. Das Kopieren der hier vorgestellten Stücke ist ausdrücklich erwünscht und erlaubt!

Gleichzeitig möchten wir mit diesem Buch aber auch all den vielen Mitschreibern und Mitspielern der letzten Jahre danken. Es hat immer und macht bis heute viel Spaß mit euch zusammen zu arbeiten! Vielen, vielen Dank gilt: Jörg, Johanna, Stefan, Maike, Karen, Tally, Martin, Julia, Sophie, Mareike, Svenja, Mathias, Nina, Jochen und Michael. Auf noch viele weitere Theaterstücke mit euch!

Hamburg, 14. Juni 2014

Andrea Binkowski & Jonas Goebel

DER MOMENTMAL GOTTESDIENST

„Ein bisschen Spaß muss sein..." - unter diesem Thema startete am 1. April 2007 der erste MomentMal-Gottesdienst in der Ev.-Luth. Kirchengemeinde Eidelstedt. Vorausgegangen waren viele Monate der konkreten Planungen und Überlegungen, denen wiederum ein bereits über mehrere Jahre in der Gemeinde bewegter Wunsch zugrunde lag: Einen „Gottesdienst in anderer Form" zu gestalten und regelmäßig anzubieten, um Menschen anzusprechen, denen der „herkömmliche" Gottesdienst am Sonntagmorgen fremd ist. Denn die so genannten „10-Uhr- Gottesdienste" wenden sich – ob gewollt oder ungewollt – vorwiegend an kirchliche „Insider". Form und Ablauf (Liturgie) der Gottesdienste, die musikalische Gestaltung, das Vokabular, aber auch das Niveau der Predigten sind auf Menschen ausgerichtet, die im kirchlichen Umfeld zuhause sind. Beobachtet man dagegen (etwa im Rahmen von Taufgottesdiensten) Menschen, die offenbar nur selten den Gottesdienst besuchen, so erkennt man, wie befremdlich die „traditionellen" Formen, Lieder und Vokabeln für sie sind.

Die Idee war daher, ein niederschwelliges Angebot (auch) für so genannte „kirchenferne" Gäste zu schaffen. Die Zielgruppe bildeten dabei die offen interessierten, vielleicht auch neugierigen, aber bislang kirchendistanzierten Menschen mittleren Alters.

Der MomentMal, der an jedem ersten Sonntag im Monat um 18.00 Uhr stattfindet, ist deshalb geprägt durch eine klare Sprache, die weitestgehend frei ist von kirchlichem oder frommem Vokabular, durch nachvollziehbare Abläufe, moderne Musik, die inzwischen durch die eigene Band der Gemeinde verantwortete wird, und durch vielfältige, von verschiedenen Teams beigetragene Elemente. So wird bereits im Vorfeld des Gottesdienstes das Deko-Team aktiv und gestaltet den Kirchraum freundlich und häufig auch am jeweiligen Thema orientiert. Am Eingang werden die Gäste vom Welcome-Team in Empfang genommen und meist mit einer kleinen Aktion auf das Thema des Abends eingestimmt. Moderne Technik (Sound, Licht, Beamer) wird vom Technik-Team gestellt. Ein Moderator führt durch den Abend, unterstützt durch weitere Mitarbeiter, die Textimpulse, Gebete und Segen lesen. Ein

Anspiel nimmt das Thema auf und beleuchtet es auf seine Weise. Ein kurzer, etwa zehnminütiger Predigt-Impuls wird von wechselnden Rednern – Pastoren, Diakone oder Laien der eigenen Gemeinde im Wechsel mit Gastpredigern – beigesteuert. In einer Gebetszeit besteht die Möglichkeit sich segnen zu lassen, eine Kerze anzuzünden, ein Gebet aufzuschreiben, still zu sein oder zu singen. Verlässlich nach 60 bis 70 Minuten endet der MomentMal und alle Gäste sind eingeladen, den Abend bei leckeren Kleinigkeiten ausklingen zu lassen, die das Bistro-Team vorbereitet hat.

Diese Form des Gottesdienstes braucht ein großes, engagiertes Team, das sich aber vielleicht gerade deshalb finden lässt, weil jeder Mitarbeiter seine individuellen Fähigkeiten in einem speziellen Team einbringen kann – z.B. dem Theaterteam.

ALLGEMEINE EINFÜHRUNG

Es gibt viele und ausreichend gute Bücher zu den Themen: Warum und wo Anspiele und Theaterstücke im Gottesdienst und in der Gemeindearbeit einsetzen? Wie leitet/gründet man eine Theatergruppe? Wie schreibt man am besten Anspiele/Theaterstücke? Was sollte eine Theatergruppe können/tun und was nicht?

Wir sind auf keinem dieser Gebiete auch nur ansatzweise Experten – deshalb versuchen wir erst gar nicht Antworten auf diese Fragen zu geben. Aber: Wir schauspielern und schreiben gerne – und wir glauben, dass es die Gemeindearbeit bereichert, wenn immer mal wieder an verschiedenen Stellen und zu unterschiedlichen Anlässen Anspiele und Theaterstücke vorkommen.

Was wir bieten, sind 20 praxiserprobte Anspiele, die uns Spaß gemacht haben und die bei unseren MomentMal Gottesdienstbesuchern gut ankamen. Dabei ist uns immer wichtig gewesen, dass die Anspiele humorvoll und kurzweilig sind. Humorvoll, weil aus unserer Sicht in der Kirche immer noch zu wenig und selten gelacht wird. Kurzweilig, weil nach unserem Empfinden immer noch zu viele Menschen Kirche mit Langeweile verbinden.

Unsere Anspiele haben einige grundsätzliche Gemeinsamkeiten. Zum einen haben sie als Ausgangspunkt (und Namensgeber) immer den Titel des Gottesdienstes und kein „theologisches Grundanliegen" gehabt. Die Aufgabe des Theaterteams bestand jeweils darin, ein kurzes Anspiel zu diesem Titel zu erstellen. Dabei kann und darf das Stück im Gottesdienst unterschiedliche Funktionen einnehmen. Manchmal transportieren die Anspiele schon eine eigene Botschaft, manchmal dienen sie „nur" als Einstieg oder betrachten das Thema des Gottesdienstes auf eine ganz eigene Art. Gemeinsam ist allen Stücken, dass sie für die gleiche Zielgruppe geschrieben worden sind (die MomentMal Besucher), dass sie für 2-5 Schauspieler geeignet sind und dass sie eine Länge von 5-10 Minuten haben.

Für alle vorgestellten Anspiele gilt, dass wir sehr gute Erfahrungen gemacht haben mit

- Instrumentalmusik zu Beginn und am Ende jedes Stücks, da dies Zeit zum Auf- und Abbau gibt und für einen guten Übergang sorgt
- zumindest einem Mindestmaß an Lichttechnik (man will ja auch gesehen werden)
- Funkmikrofonen! (Handmikros – im schlimmsten Fall auch noch zum Herumreichen – sind für ein Anspiel eigentlich ungeeignet)
- einer überschaubaren, also bewusst begrenzten, Anzahl an Requisiten
- keinem oder einem sehr reduzierten Bühnenbild
- dem Einsatz eines Beamers (häufig ersetzt er unser Bühnenbild und ist wichtig für das Stück. Ob Sie die Stücke auch ohne Beamer spielen wollen/können, sollten Sie von Fall zu Fall entscheiden. Wir empfehlen ihn jedoch sehr!)

Zu jedem Anspiel finden Sie im Folgenden eine thematische Einordnung, eine Zusammenfassung des Inhalts und der Botschaft sowie eine Auflistung aller maximal benötigen Materialien und mindestens benötigten Schauspieler.

Kleiner Buchtipp zum Schluss: *Steve Pederson: Praxisbuch Theater. Ein Leitfaden für die Theaterarbeit in der Gemeinde.* Hier finden Sie alle Antworten auf die eingangs erwähnten Fragen und noch vieles, vieles mehr.

ANSPIELE

KREUZ IST TRUMPF

Thema

Kreuz, Ostern, Gott, Ewigkeit, Wiedergeburt

Zusammenfassung

Ein Skatspiel wird aus der Sicht von vier Skatkarten erlebt. Sie sinnieren darüber, ob es einen Spieler gibt, ob es noch etwas nach dem Spiel gibt und was eigentlich Trumpf in dem Spiel ist. Am Ende stellt sich heraus: Kreuz ist Trumpf!

Botschaft

Kreuz ist Trumpf! Auf dieser Aussage kann jede Predigt über das Kreuz anknüpfen. Das Stück bietet aber auch Anknüpfungspunkte für Fragen nach der Ewigkeit und nach einem „Puppenspieler-Gott", der im Hintergrund das Leben lenkt ohne dass wir Menschen es vielleicht mitbekommen.

Benötigt

Fünf Schauspieler

- Sprecher (S): /
- Kreuz Bube (B): Schwarze Kleidung, vorne und hinten große Pappen, vorne Kreuz Bube, hinten Kartenrückseite abgebildet
- Karo 7 (K): Schwarze Kleidung, vorne und hinten große Pappen, vorne Karo 7, hinten Kartenrückseite abgebildet
- Herz Dame (D): Schwarze Kleidung, vorne und hinten große Pappen, vorne Herz Dame, hinten Kartenrückseite abgebildet
- Piek 10 (P): Schwarze Kleidung, vorne und hinten große Pappen, vorne Piek 10, hinten Kartenrückseite abgebildet

Außerdem benötigt: eine Bank.

Stück

Licht ist aus. Auf der Bühne steht nur eine Bank quer. S spricht aus dem Off.

S   Sehr geehrte Damen und Herren, Herzlich willkommen zu unserer heutigen Theater-Aufführung. Wir möchten Sie nun mit den Spielanweisungen des kommenden Stückes vertraut machen: Unser heutiges Spiel ist Skat und wird normalerweise zu dritt gespielt. Die maximale Kartenhöhe beträgt Kreuz Bube. Im Falle eines Notfalles sollten sie keine Pik 10 wegwerfen, zu Turbulenzen könnte eine Herz Dame führen, sie ist jedoch nicht sonderlich wichtig während unseres Spieles. Abschließend möchten wir Sie noch mit der Karo 7 vertraut machen. Dies ist die niedrigste Karte im Spiel.

Wir wünschen Ihnen nun viel Vergnügen und bitten Sie ihre Rückenlehne in eine senkrechte Position zu bringen sowie die Gesangbücher und die Oropax Packung für die Predigt in dem dafür vorgesehen Fach zu verstauen. Vielen Dank – Ihre Crew vom Theaterteam.

Licht an.

B, K, D, P kommen durch den Gang auf die Bühne und wuseln auf der Bühne herum (werden gemischt).

D   Ich hasse Mischen!

K   Mir ist schon ganz schlecht!

P   Will jemand Aspirin?

B   Mist, jemand hat mich geknickt!

B knickt einen Arm ein.

P   Da will doch wieder jemand bescheißen!

Karten hopsen allmählich in eine Linie hinter die Bank. (sozusagen in die Hand des Spielers)

D   Hat er`s jetzt endlich? Die anderen sind längst fertig!

K   Wer hat was?

P   Na der Spieler, der hat uns doch in der Hand!

B   Glaubst Du etwa an einen Spieler? Ich habe noch keinen gesehen!

D   Aber ich spür ihn doch!

K mit sehr schwacher Stimme:

K   Was wird denn überhaupt gespielt?

B sehr gönnerhaft:

B   Hey, Kleine, hat dir das noch keiner gesteckt?

D an K gerichtet:

D   Mein Herz Bube sagt immer: Lass das arrogante Arschloch doch einfach reden.

D schaut sich suchend um:

D   Wo mein Bube wohl gelandet ist?

P deutet auf B.

P   Immer, wenn wir Skat spielen, dreht er voll ab!

B   Achtung Leute, es geht los!!!

D   Hat jemand mitbekommen, was Trumpf ist?

K leicht resigniert:

K   Karo bestimmt nicht...

P springt laut kreischend hoch auf die Bank.

P   Das ist doch noch viel zu früh! Da soll man mal einer den Spieler begreifen!

B   Ihr wisst doch, im großen Regelbuch steht: wer bittet, dem wird gegeben. Also...

B, K, P, D rufen alle zusammen laut:

Herz König, Herz König, Herz König.

Alle schauen einem imaginären Herz König zu, der abgeworfen wird.

D   Da fliegt er ab...

B, K, P, D rufen alle zusammen:

Näh näh näh näh näh näh näh!

P stellt sich erleichtert wieder zurück.

B   So, jetzt sind die anderen am Zug.

K	Habt Ihr euch eigentlich schon mal gefragt, was nach dem Spiel ist?
P	Wieso, da liegen wir halt irgendwo rum.
D	Nee! Wir werden alle neu gemischt!
K	Echt??? Auch mit dem Kaffeefleck hier?
D	Na klar!
K	Kann man denn auch als Ass neu gemischt werden?
B	Alles Quatsch! Nach dem Spiel ist vor dem Spiel!
	Die Karte hat 4 Ecken und ein Set hat 32 Karten!
P	Oh, es geht weiter!

D im Ansageton:

D	Achtung, Achtung! Kreuz 10 bereit zum Abflug! 3-2-1-

Alle winken der imaginären Kreuz 10 nach.

D	Man, das ist ja ein ganzer Kreuzzug da unten!
K	Was ist denn nun eigentlich Trumpf?
B	Ich glaub, die spielen einen Grand!
K	Grand?????
D	Da sind nur die Buben Trumpf.
K	Aber im Kartenfirmandenunterricht haben wir gelernt, dass alle Karten gleich sind!
B	Ja, Ja ...vielleicht von hinten.

Alle Karten drehen sich gleichzeitig um und zeigen ihre identische Rückseite. Dann fällt B plötzlich um.

1	Hey, es geht ja schon weiter. Wofür sollte das denn jetzt gut sein?

K, D, P drehen sich wieder um.

D	Tja, Hochmut kommt vor dem Fall.

B schreit vom Boden hervor:

B	Ich bin ein Kreuz Bube, holt mich hier raus!!!

B robbt aus dem Spiel.

P	Irgendwie mochte ich ihn ja doch...
L	Haben wir denn jetzt noch eine Chance?
P	Kommt ganz auf die anderen Trümpfe an.

D springt plötzlich auf die Bank und ruft laut:

D	Mein Herz Bube!!!!

D fliegt umarmend zu imaginärem Buben und geht dabei aus dem Spiel.

P	Weiber!!! Das der Spieler das zulässt!
K	Als Karte kann man doch auch seinen eigenen Willen haben oder nicht?

P schaut skeptisch in die Runde und sagt dann:

P	Sieht so aus, als müsste ich jetzt ran. Okay Kleine, halt die Stellung, wir sehen uns beim Mischen!

P geht aus dem Spiel. K schaut traurig hinterher und ist dann überrascht:

K	Oh, die Kreuz 7 schlägt unsere Pik 10!

K dreht sich zum Publikum:

K	Jetzt weiß ich`s: Kreuz ist Trumpf!

Licht aus.

SUCHST DU NOCH ODER LEBST DU SCHON?

Thema

Glaube, Suche, Glaubenskurs

Zusammenfassung

Ein Paar hat sich einen Glaubens-Bausatz gekauft, bekommt aber die einzelnen Teile einfach nicht zusammengebaut. Erst durch die Hilfe einer Freundin können sie die Einzelteile zusammensetzen, die nur so zusammengesetzt „Glauben" ergeben.

Botschaft

Glaube ist etwas, das sich aus vielen Komponenten zusammensetzt. Es benötigt manchmal der Hilfe von außen und ist auf jeden Fall eine „gemeinsame" Sache. Glaube bedeutet auch Arbeit! Dieses Stück eignet sich hervorragend für Glaubenskurse oder bei jeglichen Anknüpfungspunkten zum Glauben allgemein oder dem Suchen nach dem Glauben.

Benötigt

Drei Schauspieler (vier Rollen)

- Sprecher (S): /
- Mann (A): Normal gekleidet
- Frau (F): Normal gekleidet
- Crissy (C): Normal gekleidet

Außerdem benötigt: Ein großer Umzugskarton (beschriftet mit „Ikebana"), ein großes grobes Puzzle (ca. 5-7 große Puzzleteile, die auf der einen Seite je Puzzleteil eine unterschiedliche Farbe haben und auf der Rückseite gemeinsam das Wort „Glaube" ergeben), mehrere Anleitungen, eine Klingel.

Stück

Licht an.

M und F kommen mit einem großen Karton auf die Bühne.

A   Bin ich kaputt, die Schlangen waren ja wieder endlos!

B   Dafür haben wir etwas Vernünftiges gefunden, genau das, was wir gesucht haben.

A   Dann lass uns jetzt erst mal auspacken.

| B | Wollen wir nur hoffen, dass wir es zusammengebaut bekommen... |

A   Wenn „IKEBANA" nicht wieder die Hälfte vergessen hat, sollte es ja wohl klappen.

B   Wieso? Beim Nachwuchsbausatz vor zwei Jahren war`s doch völlig Ok.

A   Naja! *Ich* musste los und den 3. Arm gegen ein Bein austauschen!

B humorvoll:

B   Dafür ist unser kleiner Kevin heute aber flink auf den Beinen. So und jetzt lass uns aber mal hier anfangen.

A und B blicken in den Karton.

A   Ups, wie viele Anleitungen gibt es denn hier?

A hält mehrere Anleitungen hoch.

A   1,2,3,4...

B findet im Karton noch weitere Anleitungen.

B   Und ich hab hier auch noch welche. Das macht dann mindestens ein Dutzend Anleitungen!

A   So ein Mist, und was machen wir jetzt?

B   Wir fangen einfach mit der ersten an.

B liest am Anfang sehr langsam und deutlich vor.

B   *Glau-ben-Selbst-bau-satz.*

Stückliste: Zwei Stück Vertrauen, drei Stück Liebe, ein Stück Gemeinschaft, drei Stück Gewissheit, ein Nachschlagewerk „Die Bibel" und zwei Stück Überzeugung.

Legen Sie alle Bausatzteile vor sich hin und bauen Ihren neuen Glauben nach den Skizzen a-f zusammen.

A   Ach so, scheint ja nicht so kompliziert zu sein. Ich denke, das haben wir gleich...

A und B verharren in der Bewegung. S spricht aus dem Off:

S   3 Stunden später....

B und A sind sehr genervt:

B   Das kann doch nicht wahr sein, jetzt sind wir alle Anleitungen durch, und es passt immer noch nicht.

A   Also, ich habe hier noch zwei Stück Gewissheit über...

B   Und was diese Gebetsmühle hier soll, ist mit ebenfalls ein Rätsel, die passt ja wohl nirgends!

A leicht deprimiert:

A   Bei Kevin war`s einfacher...

Eine Klingel ertönt. B geht zur imaginären Tür und öffnet.

B   Hi Crissy, was für eine Überraschung, komm doch rein!

B und C kommen zum Karton zurück. A freut sich.

A   Oh Crissy, was führt dich denn zu uns?

C   Ach, ich war gerade in der Gegend und dachte, ich schau mal, wie es euch so geht.

B   Du kommst wie gerufen, wie sind völlig am Ende!

A   Wir haben uns diesen dämlichen Glauben-Selbstbausatz bei „Du weißt schon wo" andrehen lasen und es ist eine einzige Katastrophe!

B   Schau *du* dir das doch mal an...

C schaut sich das Chaos an.

C   Hey, den kenne ich, den habe ich auch zuhause; schon seit der Konfirmation und bis jetzt ist noch alles intakt.

B   Klasse, dann leg mal los!

C   Also, ganz so einfach ist das aber auch nicht, ihr müsst schon mit anpacken, ohne euch wird das nichts.

Alle setzen die Teile gemeinsam zusammen. Am Ende sind A und B erleichtert.

B   Ich glaube, wir sind fertig, hier noch das letzte Stück Überzeugung…

B setzt noch ein Teil ein, A anschließend das Letzte.

A   Ah ja, und die Gewissheit passt jetzt auch!

C   Na prima, eure Suche hat sich also doch gelohnt. Sieht echt super aus. Aber diese komische kleine Gebetsmühle kann wohl entsorgt werden.

C zeigt ein übriges Stück und schmeißt es weg.

C   Jetzt lasst es uns doch mal genau ansehen.

Alle halten gemeinsam das fertige Puzzle hoch und drehen es um. Bislang waren nur verschieden-farbige Puzzle-Teile zu sehen, nun ergeben alle Puzzleteile zusammen das Wort „Glaube".

A, B, C gehen gemeinsam mit dem Puzzle ab.

Licht aus.

NEHMEN SIE DIE WAHL AN?

Thema

Entscheidung, Religionsvielfalt, Glaubenskurse, Postmoderne

Zusammenfassung

Wähler Meyer geht in ein Wahllokal und soll seinen neuen Glauben wählen, was ihm sehr schwer fällt. Er kennt weder das gesamte Angebot, noch ist er sich sicher, was er eigentlich möchte.

Botschaft

Das Stück lädt ein über Fragen ins Gespräch zu kommen: Was steht im „religiösen" Angebot eigentlich zur Wahl und was hilft mir bei der Auswahl? Was habe ich davon, den Gott der Bibel zu wählen? Wie entscheide ich mich bei all den religiösen Angeboten?

Benötigt

Drei Schauspieler

- Wahlleiter (W): Ordentlich normal gekleidet
- Wähler Meyer (M): Etwas spießig gekleidet, Personalausweis
- Wähler X (X): Normal gekleidet

Außerdem benötigt: Beamerbild 1 (Ein Stimmzettel), zwei Handtücher, Packpapier, eine Wahlkabine, zwei Tische, zwei Stühle, Thermoskanne und Becher, Wahlunterlagen, Wahlurne.

Stück

> *Der Wahlleitertisch sowie die Wahlkabine sind aufgebaut. H sitzt an ersterem. M kommt herein.*
>
> *Licht an.*

M   Guten Tag, mein Name ist Meyer, ich will hier wählen.

> *M zeigt seinen Ausweis bei H vor. Der sucht in seiner Liste.*

W   Meyer, Meyer, Meyer, Mensch Meyer, wo ist denn bloß der Meyer? Ha! Da haben wir ihn. Hier ist Ihr Stimmzettel, Kabine 2 ist noch frei.

M: Wo?

W: Da!

> *W lehnt sich zurück und nimmt einen Schluck Kaffee. M faltet den Zettel auseinander und beginnt zu lesen.*

M   Meine Güte, was ist denn *das denn* alles… Freunde Buddhas, Anhänger des Propheten Mohammed, Judäische Volksfront, Natürliche Erweckung, Christliches Bekenntnis, Nachfolger Luthers, Freunde des Papstes, Geliebte des Dalai Lama, Zeugen Jehovas – Mist, ich hätte vorher jemanden fragen sollen, der sich damit auskennt…

> *M wendet sich an W.*

M   Entschuldigung, für was um Himmels Willen soll ich mich denn da entscheiden?

W   Das müssen Sie schon allein wissen. Dafür hat das Amt für Glaubensfragen doch jedem Wähler das Handbuch „Richtig Wählen leicht gemacht" zugesandt.

M   Na toll… Da geht man schon zur Wahl, und soll sich mir nichts dir nichts für so was Schwerwiegendes entscheiden.

> *M wieder an W.*

M   Wer sagt denn überhaupt, dass ich da die Wahl habe? Vielleicht hat ja schon irgendein Gott sein Händchen auf mich gelegt?

W   Herr Meyer, die Schlange hier wird immer länger.

M   Jaha! Aber ich will doch auch nicht die Katze im Sack wählen – wenn ich dann im Jenseits bin, kann ich mich da noch mal umentscheiden?

W   Die Wahl ist JETZT!

M   Aber meine Wahl hier hat doch Konsequenzen für die Ewigkeit!

W   Herr Meyer, *ein* Kreuz für den Glauben und *ein* Kreuz für die Auslegung.

M   Hm… Mein Nachbar ist ja Anarchist, der kommt heute nicht. Aber man muss sich doch für etwas entscheiden!

> *W ist inzwischen recht genervt.*

W   Genau, am besten *jetzt*!

M   Aber muss ich mich denn heute schon entscheiden? Und sofort?

W   Herr Meyer, Sie *müssen* gar nichts! Das sollten Sie dann aber *jetzt* entscheiden. Oder wir geben hier gleich Klappstühle für all die Leute aus, denen Sie gerade die Zeit stehlen.

> *M geht aus seiner Kabine raus. X kommt auf die Bühne und geht in dessen Kabine.*

M   Ja, machen Sie ruhig zuerst, Sie sehen so wild entschlossen aus…

> *M stellt sich etwas abseits.*

M   Ich bin völlig verwirrt! Was ist denn, wenn zum Beispiel Gott sich für *mich* entscheidet, habe ich dann überhaupt eine Wahl? Und was ist, wenn ich was Falsches wähle? Ist dann irgendein Gott sauer auf mich?

> *X verlässt die Kabine, M geht wieder herein.*

W   So! Sind Sie dann auch mal soweit! Nehmen Sie doch einfach die natürliche Erweckung, dann haben Sie von allem was dabei!

M   Ach nee, die Frauen immer in WallaWalla-Gewändern und die Männer in Bastlatschen … Da muss es doch noch mehr geben, was Sinnvolles!

> *Kurze Pause. Dann M sehr sicher und überzeugt.*

M   Ja… Ja, Ja, Ja!

W   Ja?

M   Ja!

> *M kommt aus der Kabine heraus und wirft seinen Zettel ein.*

W   Na, was ist es denn nun geworden?

M   Aber Herr Wahlleiter, Sie wissen doch: Die Wahl ist frei, gleich und –

> *M legt den Finger auf die Lippen.*

M   GEHEIM!

> *Licht aus.*

FREIHEIT, DIE ICH MEINE

Thema

Freiheit

Zusammenfassung

Ein Manager, ein Aussteiger und die Freiheitsstatue unterhalten sich über die Bedeutung und Möglichkeiten von Freiheit.

Botschaft

Lose Auseinandersetzung mit dem Thema Freiheit. Eher als Gedankenanregung oder Einführung in das Thema Freiheit geeignet.

Benötigt

Drei Schauspieler

- Manager (M): Business-Outfit, Sonnenbrille, Zeitung, mehrere Kreditkarten
- Aussteiger (A): flippige, bunte Klamotten, Rucksack, Mütze, Joint
- Freiheitsstatue (F): Grün-Grau geschminkt, grün-graues Tuch, Buch, Fackel

Außerdem benötigt: Beamerbild 1 (New York).

Stück

Licht an.

F betritt die Bühne. Das Beamerbild von New York erscheint.

F steht alleine auf der Bühne und langweilt sich demonstrativ. Sie gähnt, macht Dehnübungen, blättert im Buch, spielt mit der Fackel, hüpft „Himmel und Hölle" und stellt sich dann wieder normal hin.

M kommt sehr dynamisch auf die Bühne und schaut in die Ferne.

F Boah ist mir langweilig.

M guckt erstaunt und irritiert. Er fängt sich aber sofort wieder und spricht leise zu sich selbst:

M Sie spricht!

Dann wendet sich M an F.

M MIR ist NIE langweilig. Wo ist Dein Problem? Du hast 1000 Möglichkeiten! Wir sind in New York!

F fängt an die Melodie von "Ich war noch niemals in New York" zu summen.

M   Bungeejumping vom Empire State Building! Zum Shoppen nach Paris!

M holt Kreditkarten raus.

M   Frühstück bei Tiffany! Wir könnten nach Las Vegas und Heiraten!

F guckt jetzt ihrerseits irritiert. M spricht leicht schwärmerisch und breitet die Arme dabei aus:

M   DAS ist Freiheit!

F lamentiert:

F   „Freiheit ist immer die Freiheit des Andersdenkenden!" – Ach nee, das kommt von woanders ....

F legt Fackel aus der Hand, guckt in ihr Buch, schlägt eine Seite auf und zitiert mit Pathos:

F   „Die Freiheit der Person ist unverletzlich. Sie kann nur aufgrund eines förmlichen Gesetzes und nur unter Beachtung der darin vorgeschriebenen Form beschränkt werden."

„Jeder Mensch hat ein Recht auf Meinungsfreiheit und freie Meinungsäußerung. Dies Recht schließt die Freiheit ein, Meinungen ungehindert öffentlich zu verbreiten."

[Die Zitate stammen von Rosa Luxemburg, aus dem Grundgesetz der Bundesrepublik Deutschland und aus der Erklärung der UN-Menschenrechte]

M und F sprechen nun an Loriot angelehnt den folgenden Dialog:

M   Ach was!

F   Mein Gott, was sind Manager primitiv!

M   Vielleicht stimmt etwas mit Deinem Freiheitsgefühl nicht?!

F   Ich stehe hier seit 124 Jahren mit dem Buch und der Fackel im Sturm, und Du sagst, mit MEINEM Freiheitsgefühl stimmt etwas nicht???

M   Morgen bringe ich sie um!

A betritt mit Rucksack und Joint die Bühne.

A PEACE Freunde

A nimmt den Rucksack ab.

A Ihr habt den völlig falschen Blickwinkel!

An M gerichtet:

A Du brauchst keine Kreditkarten!

A schnappt sich die Kreditkarten und wirft sie weg. Dann an F gerichtet:

A Und du vergiss doch mal dieses Buch!

Nun schwärmerisch mit Kifferblick:

A Ihr müsst im KOPF frei werden! Wo die Freiheit grenzenlos scheint! Lasst den Geist in der Unendlichkeit schweifen! Ergründet die Weite des Nichts! Entfaltet euch, Ihr müsst eure innere Mitte finden!

M Das Einzige, was sich hier gleich entfaltet ist ein Veilchen auf deinem Auge und zwar genau in der *Mitte*!

A Heey, peeaace...

A macht wieder ein Peacezeichen. A reicht M den Joint, der nimmt diesen jedoch nicht an. F nimmt sich die Fackel, stellt sich wieder in Position. Sie schaut dabei mitleidig und distanziert, zum Publikum.

F Und für solche Verrückten steh ich hier...

M Denkt doch was ihr wollt,

M setzt sich Sonnenbrille auf.

M Mein Flieger wartet – Zeit ist Geld!

M geht ab.

A Da geht er hin...

A setzt sich Rucksack wieder auf.

A Und ich bin dann mal weg!

A geht ab.

F steht wieder alleine auf der Bühne.

F   Und ich sage: Wer mich sieht, sieht die Freiheit!

Kurze Pause.

F   Aber boah ist mir laaaangweilig...

Licht aus.

DREIFACH EINMALIG

Thema

Trinität, Gemeinschaft, Ökumene

Zusammenfassung

Drei Ampelfarben unterhalten sich und stellen fest, dass sie aufeinander angewiesen sind und zusammengehören.

Botschaft

Indirekt (also aus dem Stück ableitbar): So wie auch Vater, Sohn und Heiliger Geist nur zusammen eins sind, so sind auch die drei Ampelfarben nur zusammen eine Ampel.

Benötigt

Drei Schauspieler

- Rote Ampel (R): rotes T-Shirt, schwarze Hose, runde rote „Ampel" an einem kleinen Stil
- Gelbe Ampel (G): gelbes T-Shirt, schwarze Hose, runde gelbe „Ampel" an einem kleinen Stil
- Grüne Ampel (Ü): grünes T-Shirt, schwarze Hose, runde grüne „Ampel" an einem kleinen Stil

Außerdem benötigt: Hocker und Stuhl oder kleine Trittleiter.

Stück

Die 3 Ampelfarben sitzen leger an verschiedenen Orten auf der Bühne verteilt. In der Mitte der Bühne stehen hintereinander der Hocker und der Stuhl. Das Licht ist nur sehr gedimmt an.

Ü   Nachts um 2 in Deutschland, die Ampel ist aus.

G   Oberätzend duster und langweilig.

R   Wieso? Ist doch interessant zu gucken, wie besengt das Volk unterwegs ist, wenn wir nichts mehr zu melden haben.

Ü   Mein Cousin in der Bahnhofstraße ist durchgehend am Leuchten, und lacht sich immer blau, wenn die nachts bei Rot auch wirklich noch halten.

G   Hm.

Ü laangweeiliig…

Helles Licht geht an. Alle springen auf und setzen sich „übereinander"
auf den Boden, den Hocker und den Stuhl.

R Oh, schon 6 Uhr!

Ü Manno, jetzt geht der Trott wieder los…

G Stell dich nicht so an. Mach lieber ´ne schöne Welle.

R Och ne, ist ja langweilig, da haben wir doch nichts zu gucken.

G Genau, die haben morgens nämlich alle so ein griesgrämiges Gesicht, die
will doch keiner sehen!

Ü Immer die gleichen dummen Gesichter.

R Selber schuld, hättest halt nicht bei der Bewerbung für die Bahnhofstraße
durchfallen dürfen.

G Tja, da waren wohl schärfere Qualitäten gefragt, als unser kleines Provinz-
licht.

Ü SELBER!

R Jetzt spiel´ dich hier nicht so auf, sieh lieber zu, dass du nicht aus dem
Takt kommst!

Ü Ihr könnt mich mal am Druckknopf fassen. Ich mach das hier nicht länger
mit. Ich gehe!

G Du gehst? Ein Licht kann nicht gehen!

Ü Wohl kann es gehen!

R Halt den Deppen doch nicht auf, er wird ja sehen, was er davon hat.

G Aber was soll ICH dann noch hier?! Mich braucht dann ja keiner mehr!

R Cleveres Bürschchen. Mach dich am besten gleich mit vom Acker.

Ü Labertaschen. Ich bin jetzt mal weg.

Ü steht auf und geht an den linken Rand der Bühne. G steht auf und
geht an den rechten Rand der Bühne.

Ü hebt das Ampelschild hoch und ruft und tanzt dabei:

Ü   Endlich frei! Kommt her zu mir! Freie Fahrt für alle!

Ü lächelt sehr stark und beobachtet den Verkehr.

Ü   Freie Fahrt für alle – hui geht das jetzt aber ab hier!

Ü „friert" ein, G erwacht. G steht unschlüssig und unsicher mit seinem Ampelschild da.

G   Wo geh ich denn jetzt mal hin? Wo werde ich überhaupt noch gebraucht...?

Kurze Pause.

G   Oh, eine Baustelle! Da hänge ich mich mal an.

G „hängt" sich imaginär an etwas heran und spricht begeistert.

G   Blink, blink, schön aufpassen, blink, blink, schön aufpassen.

G „friert" ein. R erwacht.

R   Mann eh, sind die Nervensägen endlich von meiner Kreuzung. Nun hat hier endlich einer das sagen, dem das auch zusteht: ICH.

R hält sein Ampelschild hoch und lacht dann laut auf.

R   Ha! Hier ist ja mal was los! ....dutzende, nein hunderte Autos vor mir! Alle meinetwegen! Ha!

Hm. Die finden das nicht so lustig... Ja! Du mich auch! Kannst Dich aufs Dach stellen wie du willst, ich bleibe rot!!!

Kurze Pause.

Oh! Jetzt schiebt sich da doch dieser vorwitzige Smart um die Ecke! Es ist rot! Kapiert der das denn nicht?! Was ist denn jetzt los?! Sodom und Gomorra nochmal, macht hier denn jeder was er will?

Kurze Pause.

Da! Jetzt hat´s gekracht... und da noch mal! Nun macht doch mal einer was! Wenn hier nicht gleich was passiert, bin ich raus aus der Nummer!

R „friert" ein. Ü erwacht.

Ü Da sind sie vorbei… immer nur die Rücklichter, nichts mehr los an dieser Ecke. Früher habe ich immer den Kindern so nett zugelächelt, wenn die Mama gesagt hat „Und jetzt kannst du gehen"… süß!

Jetzt gehen die alle da drüben rüber. Vorhin waren schon zwei Nasen von der Technik da, konnten mit mir aber nichts anfangen. Nur grün kannten sie nicht… hm… öde… laaaangweilig… Wie heißt es immer? „Zuhause ist es doch am Schönsten"!

ICH gehe wieder auf meine alte Kreuzung!

Ü dreht sich um und „friert" gehend zu R ein. G erwacht.

G Hallo?! 30! Baustelle! Mann! Interessiert mein Licht denn keine Sau?

EY! Passt doch auf! Schon zweimal fast abgeschossen. Das macht keinen Spaß hier… dann doch lieber das Ekelpaket auf meiner alten Kreuzung. Da wird man zumindest beachtet…

G macht sich auf den Weg zu R.

G Was ist denn hier los?!?

R Komm schnell her! Sofort!

G Ich?!

R Besser als nix, hilf mir mal bitte, hier wieder Ordnung reinzubringen.

G Aber nur, wenn du mich nicht mehr mobbst.

R Schnack nicht so lange, ähm, ja natürlich, und jetzt komm bitte endlich wieder zurück!

G Na gut!

G setzt sich wieder auf den Stuhl. Ü kommt auch hinzu.

Ü Wow, alle Achtung, was du hier in der kurzen Zeit geschafft hast… Respekt!

R Hey, hätte nicht geglaubt, dass ich mich mal freuen würde, deine grüne Visage zu sehen!

Ü Ja, da ist mein Typ wohl wieder gefragt, was?

Ü setzt sich wieder auf den Hocker.

G   Ist doch schön: alle 3 wieder zusammen. Wie Schoko, Vanille und Erdbeere.

Ü   Oder Cola, Fanta, Sprite.

R   Schwarzbrot, Weißbrot, Graubrot.

G   ARD, ZDF und Drittes.

Ü   Rechnen, Schreiben, Lesen.

R   Tick, Trick und Track.

G   Oder…

Licht aus.

GEBET – DA WERDEN SIE GEHOLFEN

Thema

Gebet, Engel, Himmel

Zusammenfassung

Im Gebets-Callcenter im Himmel haben die Engel viel zu tun. Das Stück bietet einen kurzen, humorvollen und nicht ernst gemeinten Einblick in den Ort, an dem unsere Gebete „verarbeitet" werden.

Botschaft

Das Stück kann gut als humorvoller Einstieg in einen Gottesdienst rund um das Thema Gebet oder auch Engel genutzt werden. Es selbst hat keine wirkliche Botschaft.

Benötigt

Vier Schauspieler

- Engel 1-4 (1-4): Engelskostüme

Außerdem benötigt: Ein langer Tisch, vier Stühle, vier Telefone, vier Kaffeebecher.

Stück

Auf der Bühne steht der lange Tisch, vier Stühle dahinter. 1, 2, 3, 4 sitzen auf ihnen mit dem Telefon in der Hand.

Licht an.

2, 3, 4 telefonieren und bewegen dabei lautlos den Mund. 1 nimmt den Hörer ab und führt das erste Gespräch.

1   Gebetsannahme Himmel, Engel Gabriel, was kann ich für Sie tun?

Kurze Pause.

1   Ach Elfriede, wie schön, wieder von Ihnen zu hören.

Kurze Pause.

1   Jaja, das Rheuma…

Kurze Pause.

1   Ich weiß wirklich nicht, ob wir da noch was machen können – Ihr Konto ist ja schon ziemlich überzogen…

Kurze Pause.

1   Eine Woche schmerzfrei kriegen wir wohl aber hin. Gut, wir hören – und denken Sie dran: ab Juni gilt unser Sommer-Special: „50% auf alles – außer Wunder".

1 legt den Hörer auf. 2 hat auch die ganze Zeit telefoniert, hält jetzt die Hand auf die Sprechmuschel, und raunt den anderen zu:

2   Schon wieder einer aus dem Vatikan. Wer bitte spricht denn heute noch Latein?!

3 hält auch die Hand auf die Sprechmuschel:

3   *Ich* hab hier schon seit einer Stunde einen aus Bayern dran. Erstens versteht die auch keiner und zweites müssen die doch wissen, dass Ferngespräche doppelt kosten!

3 nimmt die Hand von der Muschel und spricht wieder in den Hörer.

3   So, und jetzt noch einmal ganz in Ruhe. Nein, Fußballgebete werden nicht mehr angenommen. Tut mir leid, das Kontingent wurde vom HSV total ausgeschöpft.

Kurze Pause.

3   Es tut mir wirklich leid, wir können da nichts machen.

Kurze Pause.

3   JA, Sie mich auch!

3 knallt den Hörer auf die Gabel. 4 nimmt den Hörer auf.

4   Hallo? Hallo? Wer spricht?

Kurze Pause.

4   Nein, hier können Sie NICHT als Hase wiedergeboren werden…

Kurze Pause.

4   Nein, das war bei uns schon immer so...

Kurze Pause.

4	Nein, hier ist NICHT das Buddhismus-Erweckungszentrum! Tut mir leid, da haben Sie sich verwählt. Aber Sie sind uns jederzeit willkommen!

4 legt auf. Kurz darauf auch 2.

2	So, ich brauche jetzt erstmal eine Pause.

1 legt auch auf.

1	Oh ja, Käffchen!
4	Ich bin dabei!
2	In Ordnung, ich lege alle auf die Warteschleife.

Alle stehen auf und nehmen ihren Kaffeebecher in die Hand, mit dem sie gleich anstoßen werden.

2	Pause.
4	Pause.
3	Pause.
1	Ham´ wir jetzt!

Licht aus.

HINTERM HORIZONT

Thema

Ewigkeit, Tod

Zusammenfassung

Ein Schiff kommt im Jahr 1350 vom eigentlichen Ziel ab. Nun wird unter der Besatzung diskutiert, wohin die Reise gehen soll und was am „Ende der Welt" auf einen wartet. Geht es dort etwa noch weiter?

Botschaft

Keine direkte; eher als Gedankenanstoß und Einleitung in das Thema Ewigkeit oder Tod geeignet.

Benötigt

Vier Schauspieler

- Matrose (M): Hellblaues Hemd o.Ä.
- Kapitän (K): Kapitänsmütze
- Kaufmann (F): Anzug
- Pilger (P): Leichte, heruntergekommene Kleidung

Außerdem benötigt: Beamerbild 1(Meer und darauf Schriftzug: „1350 – irgendwo auf dem Atlantik"), eine Fahne, zwei Ruderstiele, Fahnenmast, Bänke (als Begrenzung des Schiffs), ein blaues Tuch (als Meer vor dem Schiff), einige Schwimmutensilien (Schwimmflügel etc.)

Stück

Alle Schauspieler betreten das Schiff leise. Beamerbild 1 wird eingeblendet.

Das Licht geht an und das Beamerbild aus.

F   Ich bin hier wohl nur von Leichtwassermatrosen umgeben! Vor drei Monaten von der Bretagne weg, versehentlich England angesteuert, vor Portugal Pirouetten gedreht und dann den Abzweiger ins Mittelmeer nicht gefunden. Und ob wir Malta jemals erreichen, ist jetzt auch egal, mein Met ist sowieso schon sauer.

K   Stell dich nicht so an, ich habe Euch annähernd direkt nach Gibraltar gebracht.

P   Und da hätten wir nach links gemusst!

K   Links? Hier auf diesem Kahn sprechen wir wenn dann von Kurs auf Ost!

F   Was hilft´s, wenn der Kapitän rechts und links nicht unterscheiden kann...

K macht eine despektierliche Geste.

M   Land in Sicht! – Ach doch nicht, ist nur ein Algenteppich.

F   Dumpfbacke!

K   Du Dösbattel, den Kompass hast du auch schon versust. Noch so `n Ding, und ich hol dich Kiel!

P   Aber wo sind wir denn jetzt? Wie kommen wir wieder auf den richtigen Weg?

F   Ich dachte, unser Pilger hat jemanden, der den Weg kennt? Jetzt könnte der sich ja mal nützlich machen. Mit ein bisschen Wind wäre uns schon geholfen.

F fasst an die schlaff runterhängende Fahne.

M   Aber was ist, wenn Gott es so will, dass wir bis ans Ende des Horizonts fahren und dann... von der Erde fallen?

K   Ich habe von niemandem gehört, der schon mal den Rand erreicht hat...

F   Wer sagt denn, dass da Schluss ist? Vielleicht tun sich ja ganz neue Welten auf...? Aber damit habe ich meinen Met immer noch nicht verkauft.

P   Vielleicht ist dahinter ja das Paradies?

K   Träumer!

M   Hauptsache, der Himmel fällt uns nicht auf den Kopf!

F   Wo hat er denn das schon wieder her....

K   Ich sag euch mal was: irgendwie geht es garantiert weiter, das habe ich bei so ein paar schlauen Leuten gelesen, die das herausgefunden haben.

P   Egal wie, selbst wenn wir von der Erde Kippen, der Herr wird uns auffangen!

K   Damit wir dann alle vorm Jüngsten Gericht aufmarschieren können, oder was?

F   Dann entscheide ich mich doch eher für das Paradies!

M   Wenn ich das alles vorher geahnt hätte, wäre ich niemals von zuhause weggegangen. Meine Mutti hat immer gesagt, bleib´ bei dem, was du kennst, sonst landest du irgendwann bei den Antipoden!

P   Ich fürchte mich nicht!

Kurze Pause.

P   Naja, vielleicht nur ein kleines bisschen... Wenn mein Herr mich nicht in Malta haben will, dann lass ich mich auch ans Ende der Welt senden – oder darüber hinaus!

F   Hör sich das einer an, erst winseln, weil wir ein leichtes Orientierungsproblem haben, und jetzt einen auf dicke Hose machen!

M leicht resigniert:

M   Aber jedenfalls hat ER etwas, auf das er hier noch hoffen kann …

K   Auf was ich hier hoffe, ist was GANZ anderes: Nämlich dass du Deinen Hintern in Bewegung setzt und den verdammten Kompass wieder auftreibst!

F   Der Döskopp? Da glaub ich doch eher an Wunder.

K verpasst dem M einen Tritt.

M   Au!

K   Nicht maulaffenfeilhalten, sondern such' endlich!

M   Ay Ay Sir!

M fängt fieberhaft an das Schiff zu durchsuchen. Während des folgenden Gesprächs findet M einige Schwimmutensilien und wirft sie über Bord.

K   Und ihr Jungs, schnappt euch schon mal die Ruder, damit diese ewige Dümpelei aufhört!

K reicht die Ruder herum.

F   Wer bin ich denn?! Ich hab schließlich bezahlt!

K   Und, was nutzt dir das jetzt? Also leg los!

F   Ich bin mir dafür nicht zu schade, ora et labora.

F und K setzen sich und beginnen zu rudern.

M   Käpt'n! Ich hab Ihn!

F nun süffisant:

F   Mein Gott, er hat ihn.

K   Jetzt gib schon her!

K reißt M den Kompass aus der Hand und schaut intensiv darauf.

K   Jo, alles klar!

P   Wo liegt denn nun Malta?

K   Da, hinterm Horizont!

Licht aus.

GEIST IST GEIL

Thema

Heiliger Geist

Zusammenfassung

Ein kirchenferner Mensch hat die Werbung für den heutigen Gottesdienst gesehen und kommt kurz vor der Predigt in den Gottesdienst. Dabei beginnt er mit dem Pastor ein Gespräch über den „Geist".

Botschaft

Es werden Fragen aufgeworfen: Was ist eigentlich „Geist"? Warum brauchen Menschen „Geist"? Das Stück eignet sich hervorragend direkt vor einer Predigt über den Heiligen Geist als Einleitung und Überleitung.

Benötigt

Zwei Schauspieler

- Gottesdienstbesucher (G): Keine besondere Kleidung
- Pastor (P): Talar

Außerdem benötigt: Werbeplakat des entsprechenden Gottesdienstes auf einem Plakatständer, Beamerbild 1 (Werbeplakat des entsprechenden Gottesdienstes), Beamerbild 2 (Burger), Beamerbild 3 (Segelboote), Beamerbild 4 (Tretboot), Beamerbild 5 (Tretboot, das ein Segel hat (Bildmontage)).

Stück

> *Licht an.*

> *Beamerbild 1 wird eingeblendet. G kommt durch den Gang zur Bühne, hat den Aufsteller unterm Arm, stellt ihn vor dem Altar ab.*

G   Hey Leute, wer ist denn heute der Showmaster hier?

> *Schweigen.*

G   Was, der da ?

> *G zeigt auf jemanden in der ersten Reihe.*

G   Nee, der kann`s nicht sein, da fehlt die weiße Funzel um den Hals.

> *P betritt die Bühne. G schaut in seine Richtung.*

G   Ha, schon besser, aber ihr könntet eure Unternehmensbekleidung ruhig mal etwas updaten.

P   Also, ähm, schön, dass Sie zu uns gefunden haben... etwas spät, aber rechtzeitig vor der Predigt...

G   Predigt?!!! Die krieg´ ich jeden Abend von meiner Alten, das sollte reichen!

P   Ähm... genießen Sie doch einfach unseren Gottesdienst.....ich glaube ...da hinten in der letzten Reihe ganz links ist noch etwas frei.

G   Willst Du mich verscheißern?! Ihr stellt da dieses Schild vor die Tür und ich soll mich jetzt in die letzte Reihe pflanzen!?

P schaut fragend.

G   Nun pass mal auf, du lässt den Geist rüberwachsen und ich bin hoppi galoppi wieder draußen. Wenn das Ding was taugt, lass ich sogar noch ´nen 10er in deine Büchse da vorne wandern. Deal?

P   Also ganz so einfach ist das aber nicht. Den Geist kann man nicht kaufen...

G   Wie soll ich denn sonst an ihn rankommen? Alles hat seinen Preis! Nicht wahr?

P   Du musst darauf warten, dass der Geist Dich *erfüllt*!

G   Sind Sie wahnsinnig? Abfüllen? Mit Messwein, oder was? Ich bin trockener Alkoholiker, das kannste knicken!

P   Nein, nein, also mit dem Geist ist das so...

G   Soll das jetzt ein Vortrag werden, oder was? Gibt es den auch in kurz? Wofür braucht man das Ding denn nun eigentlich?

P   Also der Geist ist sozusagen das Bindeglied zu unserm Herrn. Der Geist hilft uns, Gott zu erkennen!

G wendet sich zur Gemeinde.

G   Der Mann hat wohl zu viel Weihrauch geschnuppert!

G etwas zögerlich.

G   So richtig geil ist das aber nicht, oder?

P   Stellen sie sich doch einfach mal einen Hamburger vor.

Beamerbild 2 wird eingeblendet.

P   Das Brötchen unten, das sind Sie. Und das Brötchen oben, das ist Gott. Aber nur das „Dazwischen" macht aus den beiden Hälften einen Burger!

G   Aha. Jetzt haben Sie mir zwar richtig Appetit gemacht, aber durchblicken tue ich da noch nicht…

P   Dann vielleicht anders: Die Ostsee, die kennen Sie doch. Wenn`s richtig schön ist, tummeln sich da lauter Segelboote.

Beamerbild 3 wird eingeblendet.

G   Ja, ja, die Dinger die mir beim Tretbootfahren immer den Weg abschneiden.

P   Genau. Sie sitzen jetzt also in Ihrem Tretboot.

Beamerbild 4 wird eingeblendet.

P   Und Sie treten und treten – aber kommen trotzdem kaum von der Stelle. Auf der Ostsee gibt es ja jede Menge Wind. Stellen Sie sich jetzt mal vor, dieser Wind, das wäre Gott. Das würde Ihnen in Ihrem Tretboot ja herzlich wenig bringen. Deshalb kommen Sie auf die geniale Idee – und bauen sich ein Segel, um mit dem Wind voranzukommen. Das Segel, das ist der Geist! Und siehe da…

Beamerbild 5 wird eingeblendet.

P   Sie müssen sich nicht mehr abstrampeln und nehmen richtig Fahrt auf.

G   Na, das ist zumindest besser als die Burger-Story… aber Sie müssen mir immer noch verklickern, wie ich den Mast ans Tretboot gedübelt bekomme!

P   Gut, wissen sie was? Setzen Sie sich doch auf meinen Platz hier vorne in der ersten Reihe. Sie werden jetzt noch einiges zu dem Thema hören. Und danach können wir uns gerne im Bistro weiter unterhalten. Deal?

G   Deal.

Licht aus.

WELLNESS FÜR DIE SEELE

Thema

Seele, Innerer Frieden

Zusammenfassung

Ein Ehepaar ist im Wellness-Urlaub und erlebt, dass so etwas stressiger sein kann, als man sich vorher gedacht hat.

Botschaft

Wo Wellness draufsteht, ist nicht immer Wellness drin. Dies passt thematisch gut zu Gottesdiensten und/oder Predigten, die sich um das Wohlbefinden der Seele drehen. Was tut der Seele wirklich gut?

Benötigt

Mind. drei Schauspieler (in sieben Rollen)

- Helga (H): Sommerurlaub-Outfit, Bademantel, Jogging-Hose und T-Shirt
- Walter (W): Sommerurlaub-Outfit, Bademantel, Jogging-Hose und T-Shirt
- Rezeptionist (R): Elegant gekleidet
- Animateur (A): Sportkleidung und Sonnenbrille
- Masseur (M): Lockere Hose und T-Shirt
- Yoga-Tante (Y): Eingehüllt in Tüchern
- Sauna-Meister (S): In einem großen Handtuch

Außerdem benötigt: Einige Koffer und Taschen in verschiedenen Größen, Laptop, Tisch, Zimmerschlüssel, Handtücher, drei Schaumstoffschlangen, Musikplayer mit Animationsmusik, Sitzkissen, zwei Bänke, Saunaeimer und –löffel, Schüssel mit Quark, Gurkenscheiben, Beamerbild 1 (Schwimmbad), Beamerbild 2 (Yoga-Bild).

Stück

Auf der Bühne steht R hinter einem Tisch, auf dem ein Laptop und Zimmerschlüssel liegen. H und W kommen den Gang entlang nach vorne. W schleppt zig Koffer, H eine Handtasche und geht voran.

Licht an.

H   Walter! Was brauchst du denn so lange?! Du tust dich auch immer schwer!

W ist leicht angefressen.

W	Ja mein Schatz. Wie gut, dass wir hier nur für 2 Tage gebucht haben.

W stellt sehr viele Koffer mühsam ab.

W	So – jetzt muss ich noch *mein* Gepäck holen.

W geht ab. H trippelt zu R.

R	Herzlich Willkommen in unserem Wellness-Resort „Harmonia".

H redet energisch.

H	Hansen, Helga und Walter. Wir haben das Entspannungs-Wochenende gebucht!

R schaut auf den Laptop.

R	Ah ja, unser Mega-Super-Relaxing-Plus Paket. Eine vortreffliche Wahl. Hier ist Ihr Wellness-Plus Plan.

R reicht H einen Zettel.

R	Gleich um 16:00 Uhr Begrüßungscocktail in der Karibik-Lounge, 16:15 Uhr Aqua-Gym für Fortgeschrittene und dann haben wir noch die Synchronmassage, das Milch- und Honigbad Kleopatra, den Ayurveda-Stirnguss, die Fußreflexzonenmassage, Yoga für die Innere Mitte, die Aloe-Vera-Kleie Maske, die Enthaarung mit biologischem Bienenwachs und das Abschluss-Tagesmakeup für Sie und ihn. Und natürlich das Candle-Light-Dinner mit DJ Hammer.

Unsere Sauna, Thermen- und Aquabereiche stehen Ihnen selbstverständlich durchgehend zur Verfügung.

H zeigt sich überwältigt. R fährt mit Pathos in der Stimme fort:

R	Und hier ist Ihr Schlüssel für die Wohlfühl-Suite „Feeling"!

R reicht den Schlüssel, W kommt mit einer kleinen Tasche zurück.

W	So Schatz – *mein* Gepäck.

W stellt die Tasche ab und spricht wohlig weiter:

W	Und jetzt 2 Tage lang Entspannung pur – einfach nichts tun!
H	Ach ja, kein Stress, keine Hektik…

H guckt auf ihre Uhr.

H Oh, wir müssen schnell das Gepäck wegbringen! Wir treffen uns dann in 5 Minuten in der Karibik-Lounge.

H gibt dem verdutzten W die Schlüssel in die Hand und geht ab.

W Na, dann bringen *wir* mal die Sachen auf's Zimmer.

W geht mit dem gesamten Gepäck ab. Beamerbild 1 wird eingeblendet.
W und H kommen im Bademantel zurück, H ist noch ganz erfüllt beim Sprechen:

H Hast Du die Holunder-Note aus dem Vital-Cocktail herausgeschmeckt?

W Wie soll ich in 5 Minuten aus einer undefinierbaren Flüssigkeit Holunder von Pfirsich oder Pflaume unterscheiden? Strohrum ist *nichts* dagegen!

A kommt bewegungsreich auf die Bühne.

A Hallo, ich bin die Moni und ich mach mit euch die Special-Wellness-Aqua-Gym!

A macht den CD-Spieler und die Musik an, gibt W und H je eine Schaumstoffschlange und macht Bewegungen vor, die die beiden mehr schlecht als recht nachmachen. Nach kurzer Zeit macht A die Musik wieder aus.

A So, das war`s für heute und morgen früh um 7.00 Uhr sehen wir uns wieder!

W Das ist mein Ende!

H Du warst ja so was von peinlich!

W Ich brauch ´ne Pause.

H PAUSE?! Wir sind jetzt bei „Yoga für die innere Mitte" angemeldet!

W WAS sind wir???

Licht aus.

W und H gehen ab. Beamerbild 2 wird eingeblendet. Y kommt auf die Bühne. Es folgen W und H in Jogginghose und T-Shirt. Y spricht mit esoterisch angehauchter Stimme.

Licht an.

Y   Hallooo, herzlich Willkommen – Ich bin die Cosima.

Y gibt W und H je ein Kissen.

Y   Nehmt Platz. Entspannt euch. Fokussiert euer Sein auf eure Innere Mitte.

W   Von dem Stoff will ich auch was haben.

H   Walter!

Y   Wir beginnen mit der Lotusblüte.

Y stellt die Lotusblüte dar. H macht alles richtig, W bricht sich einen ab.

Y   Walter, du musst an deine Innere Mitte denken, dann entfaltet sich auch *deine* Lotusblüte.

W   Das einzige, was sich hier gleich entfaltet, ist ein Veilchen auf deinem Auge – und zwar genau in der *Mitte!*

H   Entschuldigen Sie uns, wir müssen zu unserem nächsten Termin!

H zieht W aus dem Raum. Auch Y geht ab.

Licht aus.

Zwei Bänke werden hingestellt, darüber Handtücher und daneben die Sauna-Utensilien. W und H kommen in Bademänteln wieder zurück.

Licht an.

W   ENDLICH! ENTSPANUNG!

H   Ach ja, es ist sooo schön hier im Hotel.

S betritt die Bühne und ruft beschwingt:

S   So Freunde, jetzt gibt es eine Runde Eukalyptus! Das ist nichts für schwache Nerven!

W richtet sich sehr schnell auf.

W   Was will dieser Hampelmann hier?!

H   Pscht, es geht jetzt los.

S macht einen Aufguss und fächelt heiße Luft.

S   So, jetzt wird es heiß…

S geht ab. Walter japst nach Luft, steht auf und geht auch schnell ab.

H   Walter! Wat is`n?!

Keine Reaktion von W. H etwas traurig:

H   Und wir wollten doch noch in die finnische Sauna, Steinsauna, Heusauna, Vitalsauna, Biosauna, Dampfsauna…

Dann ist H wieder energischer:

H   Weißt du was, *das* wird dir gut tun!

W kommt wieder zurück.

W   Bitte nicht! Verschone mich… nur dieses eine Mal!

H   Leg dich hier schön hin.

H zeigt auf eine der Bänke, W legt sich widerwillig hin. M betritt die Bühne.

M   Hallo, ich bin der Toni, dein Masseur! Schließ die Augen lieber Walter.

W   Aber nicht an den Zehen kitzeln!

H   Walter!

W   Und lass mich bloß mit der Inneren Mitte zufrieden.

M   Schließ die Augen und rühre dich nicht.

M nimmt die Schüssel mit Quark und die Gurkenscheiben und streicht den Quark schnell über W´s Gesicht und legt zwei Gurkenscheiben auf seine Augen. M und H gehen danach ab.

Nach kurzer Zeit steht W auf und wendet sich zum Publikum.

W   Menschen wie du und ich, die einfach einmal entspannen wollen!

Licht aus.

JEDER NACH SEINER FASSON

Thema

Weihnachten, Postmoderne, Spannungsfeld

Zusammenfassung

Weihnachten bei Familie Bienenstich: Opa möchte es wie früher, Mutter ganz familiär, Vater im guten Restaurant und der Teenie bei Freunden feiern. Jeder auf seine Art – und doch feiern sie am Ende gemeinsam.

Botschaft

Jeder kann nach seiner Fasson leben, aber es kann trotzdem Gemeinsamkeiten geben. Dieses Stück eignet sich besonders gut für Weihnachtsgottesdienste.

Benötigt

Vier Schauspieler (in fünf Rollen)

- Vater (V): Normal gekleidet
- Mutter (M): Normal gekleidet
- Teenie (T): Wie ein 16jähriger Teenie gekleidet, Jacke, Handy
- Großvater (G): Wie ein Großvater gekleidet, Stock
- Off-Stimme (O): /

Außerdem benötigt: Tisch, Keksformen, Backutensilien, Kaffeemaschine, halb geschmückter Weihnachtsbaum, Esszimmertisch, vier Stühle, Garderoben-ständer, Telefon, Audio-Datei Klingelton, zwei Tischdecken, Audio-Datei Türklingel, Geschenkekarton, Kassettenrecorder, Audio-Datei Weihnachtsmusik, Reserviert-Schilder, Gesangbücher, Audio-Datei Glockengeläut, Geschirr für vier Personen, Beamerbild 1 (entsprechende Kirche im Dunkeln von außen).

Stück

Licht an.

Es läuft leise Weihnachtsmusik im Hintergrund. M sticht Kekse aus, T sitzt gelangweilt am Tisch und spielt mit ihrem Handy.

O   Seit 2000 Jahren feiern die Menschen Weihnachten. Sie sehnen sich nach Wärme, Ruhe und einem friedlichen Miteinander. Auch Familie Bienenstich bereitet sich auf ein trautes gemeinsames Fest vor.

M ruft in die Wohnung hinein:

M	Jörg, Du wolltest doch den Baum schmücken!
T	Papa ist gerade zur Tür raus!
M	Was?! Opa kommt doch gleich!
T	Genau! Und Papa hatte noch kein Geschenk. Für uns vermutlich auch nicht.
M	Unglaublich, immer auf den letzten Drücker und ich habe hier die *ganze* Arbeit! Dann fang *du* Johanna wenigstens schon mal an, Ihr wolltet das doch sowieso zusammen machen.
T	Das ist mir ja ganz neu, Weihnachtsbäume sind eh out. Wobei – von Baum kann hier ja wohl nicht die Rede sein.

T guckt sich dabei kritisch den Baum an.

M	Ach, letztes Jahr hast Du dich noch darum gerissen.

Das Telefon klingelt.

M	Gehst Du ran?!
T	Immer ich!

T geht ans Telefon, hört zu, verabschiedet sich und legt dann auf.

T	Du, das war Opa, der hat einen Zug eher genommen und will jetzt abgeholt werden.
M	WAS!? Und hier ist noch NICHTS fertig! Sei so lieb, und hol mir schon mal den Autoschlüssel.
T	Geht nicht!
M	WIESO?!
T	Den müsste Papa doch mithaben. Oder geht der neuerdings zu Fuß?!
M	Ich halte das nicht aus, es reicht, ich ruf ihn jetzt an!

M wählt am Telefon kurz.

M	Jörg? *Dein* Vater steht am Hauptbahnhof und wartet.

Kurze Pause.

M	Es ist mir egal, wo du gerade bist und was du gerade machst, kümmere dich!

M wirft den Hörer auf die Gabel.

M	Ganz ruhig. Tief durchatmen.

M atmet einmal tief durch.

M	Johanna, jetzt geh bitte den Tisch decken. Ich setz schon mal den Kaffee auf.
T	Wenn`s denn sein muss. Kann ich das Geschirr aus der Küche nehmen?
M	Johanna, heute ist Heiligabend! Das Festtagsgeschirr!

T holt Geschirr und fängt an einzudecken. Dabei murmelt sie zu sich selbst:

T	Weihnachten. Deswegen muss man doch keinen Aufriss machen. Das Wichtigste sind doch eh die Geschenke.

Man sieht den Opa mit Stock aus einem imaginären Taxi steigen, dem Taxifahrer Geld geben und zur Tür gehen. Er klingelt an der Tür.

M	Auch das noch, wer will denn um diese Zeit was von uns!

T deckt weiter den Tisch, M öffnet die Tür.

M	Oh – der Opa!

M zwingt sich ein Lächeln auf.

M	Wie schön, dass du schon da bist. *Jörg* wollte dich doch vom Bahnhof abholen.
G	Soll ich mir die Beine in den Bauch stehen und mir die Gräten abfrieren? Das dauert mir zu lang. Da hab ich mir lieber ein Taxi genommen.
M	Ach Opa. Komm erst mal rein.

M nimmt G den Mantel ab und bringt G zum Tisch. Dort setzt G sich mühsam hin.

G	Johanna, meine Kleine. Hast du denn ein schönes Gedicht gelernt?
T	Opa, ich bin 15!

G   Ja und, in deinem Alter habe ich sogar selbst gedichtet! Und wo kommen wir hin, wenn Traditionen nicht gepflegt werden.

T   Früher hatten wir auch einen Kaiser…

M   Johanna!

> *V betritt die Bühne. Er hält die Autoschlüssel noch in der Hand und einen ominösen Karton mit Geschenken darin.*

V   Na Vaddern, konntest mal wieder nicht abwarten?

> *V blickt sich um.*

V   Wie schön, ist ja alles fertig.

> *V stellt den Karton ab und lässt sich auf einen Stuhl fallen. M ist kurz vor der Explosion, schnappt nach Luft, steht kurz auf, hält sich dann aber zurück. G schaut zweifelnd den Baum an.*

G   Na ja, wir hatten früher mehr Lametta am Baum. Und das sogar im Krieg!

T   Papa musste heute Prioritäten setzen.

> *Das Handy von T klingelt in der Jackentasche, T geht ran.*

T   Ja?! Ja super, ok., dann bis gleich bei dir.

M   Was „bis gleich bei wem?!"

T   Wieso? Bei Tobi steigt doch gleich die Party! Seine Eltern sind auf Gran Canaria!

V   Moment, ich hab doch für uns alle den Tisch im Waldschlösschen reserviert! Das war gar nicht so einfach!

M   Ich glaub, ICH steh im WALD! Macht denn hier jeder was er will?! Wir hatten doch klar vereinbart, dass wir gemeinsam HIER feiern wollen! ICH schufte den ganzen Tag, damit IHR eine ordentliche Gans auf den Tisch bekommt!

G   Wenn die Kleine kein Gedicht aufsagen kann, keine Flöte spielt und kein Lied singen will, dann kann sie auch weg bleiben.

T   Also Leute, ich geh. Wir sehen uns dann nachher.

T zieht ihre Jacke an und geht ab.

Licht aus.

Alle gehen von der Bühne ab, diese wird schnell leer geräumt. Schon währenddessen beginnt Glockengeläut. Beamerbild 1 wird eingeblendet.

Licht an.

Die gesamte Familie kommt durch den Gang mit Gesangbüchern herein und setzt sich auf die reservierten Plätze. Vorweg geht V, M stützt G, T kommt etwas später hereingelaufen.

M   Johanna! – schön, dass Du es noch rechtzeitig geschafft hast.

T   Na klar Mama, Weihnachtsgottesdienst feiern wir doch *immer* zusammen!

G   Natürlich ist die Kleine noch gekommen! Egal, was die Familie umtreibt, *das hier* ist für alle gut. Und jetzt Ruhe. Es geht los.

Licht aus.

INVASION DER ENGEL

Thema

Engel, Weihnachten, Nächstenliebe

Zusammenfassung

Im ersten Teil bereiten sich drei Engel auf ihre jährliche weihnachtliche Reise auf die Erde vor. Im zweiten Teil berichtet ein Nachrichtensprecher von überraschenden Veränderungen auf der Erde. Zur Untersuchung dieses Phänomens schaltet er zu seinem Außenreporter, der aus der entsprechenden Kirche „live" berichtet.

Botschaft

Ein lockerer und humorvoller Einstieg in das Thema „Engel". Dabei wird nahegelegt, dass jeder Mensch ein Engel sein könnte/kann; es geht also weniger um die „tatsächlichen" Engel, sondern mehr darum, dass jeder etwas Gutes tun kann (z.B. besonders in der Adventszeit).

Benötigt

Fünf Schauspieler

- Engel 1-3 (1) (2) (3): Engelskostüm, jeder eine Aktenmappe
- Nachrichtensprecher (N): Anzug
- Reporter Gustav: Mantel, Mikro

Außerdem benötigt: Stehtisch, Beamerbild 1 (klassische Engel mit Flügeln), Beamerbild 2 (Putto-Engel), Beamerbild 3 (Engel mit Harfe und Flöte), Beamerbild 4 (Tagesschau-Bild), Audio-Datei des Tagesschau-Intros.

Stück

Licht an.

Auf der Bühne stehen drei Engel an einem Stehtisch, jeder trägt eine Aktentasche.

1   Liebe Engel und Engelinnen! Ihr wisst: Weihnachten steht vor der Tür. Und wie jedes Jahr gehen wir wieder auf die Erde. Damit möchte ich zu unserem nächsten Tagesordnungspunkt überleiten: „Unsere Aufgaben für die nächsten 4 Wochen".

2   Müssen wir etwa wieder mit den blöden weißen Flügeln und Nachthemd runter?

Beamerbild 1 wird eingeblendet.

3   Niemals! Da friert man immer und bleibt überall hängen!

2   Und dann heißt das Wetterleuchten, dabei hängt nur mal wieder ein Engel im Strommast!

3   Ich habe aber auch keinen Bock auf das Putto-Outfit vom vorletzten Jahr. Man ist klein, moppelig und keiner nimmt einen ernst!

Beamerbild 2 wird eingeblendet.

2   Und nur dass Ihr Bescheid wisst: Flöten, Harfen und Posaunen könnt Ihr auch vergessen! Ich bin immer noch wegen meines Tinnitus in Behandlung.

Beamerbild 3 wird eingeblendet.

3   Es muss noch was anderes geben. Wer entscheidet das überhaupt?

1   Ich glaube der Lenkungsausschuss.

2   Und wann tagt der?

1 blättert im Ordner.

1   Hier, ich hab`s. – 2020! Hm…

3   Und wann tagt der Planungsausschuss?

1 blättert im Ordner.

1   Donnerstag! Hm… könnte knapp werden – 2015.

1 drückt sich auf´s Ohr und hört genau hin.

1   Engel! Soeben erreicht uns eine Meldung vom Chef: „Bezüglich des äußeren Erscheinungsbildes der diesjährigen Engelinvasion ergeht folgender Beschluss: `Die Dienstkleidung ist der alltäglichen Zivilkleidung des gemeinen Menschen anzupassen. In Ihren Ordnern finden Sie bereits eine Unterlage für Sammelbestellungen´“.

1 holt einen Katalog aus seinem Ordner.

2   Ein Otto-Katalog??

3 ist maulig:

3	Hätte das nicht Armani sein können?

1 drückt sich wieder auf's Ohr.

1 Oh, noch ein P.S.: „Es ist sicherzustellen, dass das Wirken der Engel überall wahrgenommen wird."

Licht aus.

2 Oh, die Sonnenkollektoren sind wieder ausgefallen!

3 Scheiß erneuerbare Energien!

1 Kann mal jemand die Gelben Engel anrufen? Wir müssen jetzt jedenfalls runter!

1-3 verlassen die Bühne. N stellt sich hinter den Tisch. Beamerbild 4 wird eingeblendet. Das Intro der Tagesschau ertönt.

Licht an.

N Guten Abend meine Damen und Herren. Erstaunliche Bilder erreichen uns aus aller Welt: Menschen fallen sich aus unerklärlichen Gründen in die Arme, die USA planen mit dem Iran eine gemeinschaftliche Blauhelmtruppe in Afghanistan, Israel und Palästina gründen einen gemeinsamen Staat, Nord- und Südkorea feiern die Wiedervereinigung, die Stromriesen E-on und RWE senken aus Nächstenliebe die Preise um 50%, Manager verpflichten sich zu Hartz IV – Patenschaften. Experten suchen seit Wochen nach einer Erklärung für dieses Phänomen. Einige vermuten eine Drehung des Erdmagnetfeldes, andere führen als Ursache unbekannte kosmische Strahlung an und wieder andere sehen ein göttliches Eingreifen als erwiesen an!

Wir wollen es genau wissen. Unser Reporter Gustav Engelhardt ist jetzt live zugeschaltet: „Guten Abend Gustav!"

G kommt von hinten in die Kirche hinein. Er hat ein Mikro in der Hand. Wenn möglich, Licht auf ihn.

G Ja, ich bin hier live in der [Kirche einsetzen] in [Ort einsetzen]! Hier findet zurzeit eine absolut unglaubliche Engelvollversammlung statt. Ich habe mich bereits mit vielen unterhalten können. Neben mir zum Beispiel...

Wie heißen Sie?

> *G hält einem Besucher das Mikro hin. Je nachdem ob die Person antwortet oder nicht reagiert er.*

G   Dankeschön/Ein sehr schüchterner Engel.

> *G geht weiter durch die Kirche.*

G   All diese Engel haben in den letzten Wochen Erstaunliches geleistet. Manchen ist ihr Wirken gar nicht bewusst. Und sie sind dabei wie du und ich!

> *G blickt ins Publikum.*

Sehen Sie sich Ihren Nachbarn genau an.

> *Kurze Pause.*

G   Er könnte ein Engel sein! Und damit wieder zurück ins Studio!

N   Vielen Dank Gustav. Jetzt kommt noch das Wetter und dann viel Spaß mit dem heutigen Tatort.

> *Beamerbild aus.*

> *Licht aus.*

DAS GLÜCK IST IMMER DA, WO ICH NICHT BIN

Thema

Glück, Segen

Zusammenfassung

Es wird die bewegte Lebensgeschichte eines Mannes erzählt, der viel Unglück/Pech erlebt hat. Doch es stellt sich heraus, dass das Unglück sich manchmal auch als eigentliches Glück herausgestellt hat.

Botschaft

Glück und Unglück sind häufig sehr subjektive und auf die Gegenwart und nahe Zukunft blickende Einschätzungen. Das Stück lenkt den Blick auf einen größeren Zusammenhang und stellt die offene Frage, was Glück und was Unglück/Pech ist. Das Thema Segen kann sehr gut daran angeschlossen werden.

Benötigt

Mind. drei Schauspieler (in zehn Rollen)

- Erzähler (E): Bart, Pfeife, großes Buch
- Schwangere Frau (S): Kissen
- Baby B (B): Schnuller, Schlafanzug, Schnuffeltuch
- Junge B. (J): Kleidung eines jungen Mannes, Zylinder, Fernglas
- Gerda (G): Kleidung einer jungen Frau, Herz aus Pappe
- Fußball (F): Schwarze Kleidung, Fußballbild als Maske vor den Kopf gebunden
- Stefanie (S): Krankenschwester-Outfit, Hochzeitsschleier
- Statist (Z): Unauffällige Kleidung
- Berthold (D): einfach gekleidet, Klamotten eher kaputt als schön, Ordner und Akten
- Postbote (P): Schwarz-Gelb gekleidet, möglichst Postboten-Jacke, Briefumschlag mit Zettel

Außerdem benötigt: Sessel, Partypistole, Beamerbild 1 (Maxi-Cosi), Beamerbild 2 (Apple-Computer), Beamerbild 3 (Badezimmer), Beamerbild 4 (Viel Geld), Beamerbild 5 (alle vier vorigen Bilder sind zusammen durchgestrichen), Beamerbild 6 (Große Villa mit Pool), Beamerbild 7 (Heruntergekommene Hütte), Puppenhaus.

Stück

> *E sitzt in seinem Sessel am Rand der Bühne und erzählt die folgende Geschichte. Dabei werden seine Szenen parallel pantomimisch darge-stellt.*
>
> *Licht an.*

E Wir befinden uns im Jahr 1955. Im 9.Stock des Stadtkrankenhauses Schön-leben liegt die hochschwangere Jutta M.

> *S mimt eine schwangere Frau und geht einmal über die Bühne, bleibt am Rand stehen.*

E In wenigen Stunden wird sie ihr erstes Kind auf die Welt bringen. Es wird Berthold heißen. Nach außen ist alles ruhig, aber Baby B. macht sich seine Gedanken:

> *B kommt auf die Bühne und denkt nach.*

E Bekommt er den Super-Maxi-Cosi mit eingebauter Massagefunktion?

> *Beamerbild 1 wird eingeblendet.*

E Wann bekommt er den neuen Apple?

> *Beamerbild 2 wird eingeblendet.*

E Hat er später ein eigenes Zimmer mit Bad und WC?

> *Beamerbild 3 wird eingeblendet.*

E Hat Daddy genügend Kohle für die Studiengebühren?

> *Beamerbild 4 wird eingeblendet und kurz danach wieder ausgeblendet.*

E Was Baby B. nicht weiß: Mutter Jutta wurde kurz vor der Geburt vom Erzeuger Klaus-Dieter zugunsten der rassigen Ramona S. verlassen. Vom Wirtschaftswunder übergangen, sieht sich der arbeitslose Stummfilmsyn-chronsprecher außerstande, den gesetzlich vorgeschriebenen Mindestun-terhalt aufzubringen. Um 18:30 Uhr mitteleuropäischer Zeit wird der klei-ne Berthold mit der enttäuschenden Wahrheit konfrontiert.

> *Beamerbild 5 wird eingeblendet. B ist entsetzt. B und S gehen ab.*

E Als kleiner Junge träumt Berthold davon, den ärmlichen Verhältnissen zu entfliehen – und amerikanischer Präsident zu werden. Als am 22.11.1963 John F. Kennedy erschossen wird –

Es wird aus der Partypistole ein Schuss abgegeben.

E – ändert er seine Meinung. Bertholds erste Liebe Gerda...

J und G kommen Hand in Hand auf die Bühne und sind verliebt.

E ...will nach kurzer Zeit nichts mehr von ihm wissen.

G gibt J das Herz aus Pappe und geht ab.

E Daraufhin verfällt Berthold in tiefe Depressionen.

J ist sehr, sehr traurig und niedergeschlagen.

E Heute nennt sich Gerda Gert. Und Berthold ist gar nicht mehr so traurig.

J lächelt.

E Von nun an weiht er sein Leben der zweiten Liebe seines Lebens: Dem Fußball.

F kommt auf die Bühne und J reicht ihm das Herz aus Pappe.

E Berthold macht Karriere. Seiner Berufung in den WM-Kader 1974 steht nichts im Wege – bis auf Kater Mau... am obersten Treppenabsatz.

J stolpert über imaginären Kater und fällt hin. F geht ab.

E Diagnose: Doppelter Schienbeinbruch.

J liegt/sitzt schmerzverkrümmt am Boden.

E Um diesen kümmert sich mehr als liebevoll Schwester Stefanie.

S kommt auf die Bühne und legt J liebevoll einen Verband an.

E 4 Monate später sind sie verheiratet.

S zieht sich schnell einen Hochzeitsschleier über und J einen Zylinder. Beide stehen auf und sind sehr glücklich.

E   Nun wünscht Berthold sich viele Kinder. Aber der Klapperstorch kommt nicht. Berthold macht den Klimawandel dafür verantwortlich. Traurig beobachtet er das fruchtbare Treiben der Kellys von gegenüber.

S geht ab. J schaut mit dem Fernglas in die Weite.

E   Doch es ist nicht alles Gold was glänzt. Zwei Tage später zieht die Super-Nanny bei den Nachbarn ein.

Einige Jahre später reicht es dann für Berthold und seine Stefanie zum bescheidenen Eigenheim.

Z trägt ein Puppenhaus auf die Bühne.

E   Zu bescheiden – Bertholds Meinung nach. Neidisch beäugelt er das Anwesen der Nachbarn: 280qm, Doppelgarage, Sauna und beheizter Pool.

Beamerbild 6 wird eingeblendet.

E   Was Berthold erst später erfährt: Die Geschäftsreisen des Nachbarn sind nicht nur geschäftlich, die Nachbarin lässt derweil den Postmann 2x klingeln. Und: Scheidungen sind teuer.

Beamerbild 7 wird eingeblendet.

E   Aber Leistung soll belohnt werden. Und so wartet Berthold auf den Lohn der jahrelangen Plackerei.

D betritt die Bühne mit sehr vielen Akten und wuselt herum.

E   Doch seine Chefs sehen das anders. Die Beförderung geht an den Kollegen Krause, von dem es heißt, er sei schon in Schleimspuren ausgerutscht.

D hört mit der Arbeit auf und ist traurig überrascht. Er resigniert, räumt seine Sachen auf und geht ab.

E   Nicht lange danach machen sich Heuschrecken über das Unternehmen her. Und für Management mitsamt Krause heißt es: „adieu".

D kommt wieder auf die Bühne geschlendert und telefoniert.

E   Man dachte, sie sind ausgestorben, aber es gibt sie noch – die Onkel aus Amerika: Aus Übersee meldet sich überraschend Cousin Tom, Sohn des in den Wirren der Weltkriege verschollenen Onkel C. Man kennt Tom vom Film und so hofft auch Berthold auf seinen Anteil am Ruhm Hollywoods.

D legt auf. P kommt auf die Bühne und überreicht ihm einen Briefumschlag, den D sogleich erwartungsvoll öffnet.

E   Doch der einzige Anteil ist eine Einladung zu Scientology.

D liest den Brief, zerknüllt ihn und wirft ihn weg. Nachdenklich schaut er in das Publikum.

E klappt das Buch zu.

E   Und so sieht unser Berthold seinen Lebensabend am Horizont auftauchen. Eigentlich – denkt er – hat er es doch gar nicht so schlecht getroffen. Nur Manchmal – da hat vielleicht ein kleines Stück zum Glück gefehlt...

Kurze Pause

E   Oder vielleicht doch nicht?

Licht aus.

LEBEN AM LIMIT

Thema

Beziehung, Stress, Karriere, Gesundheit

Zusammenfassung

Zwei Personen spielen Squash und unterhalten sich über ihre Lebenssituation. Sie hat finanzielle Probleme, er lässt seine Beziehung schleifen und geht ständig ans Limit, weil er unbedingt Karriere machen möchte.

Botschaft

Außer, dass das Stück (nicht ganz ernst gemeint) zum Urlaub machen aufruft, ist es vor allem als Einstieg in das Thema Berufsstress und Karrieredruck geeignet.

Benötigt

Zwei Schauspieler

- Frau (F): Sportkleidung, Squash-Schläger
- Mann (M): Sportkleidung, Squash-Schläger

Außerdem benötigt: Beamerbild 1 (Squashcourt).

Stück

> *Beamerbild 1 wird eingeblendet. M und F betreten von zwei verschiedenen Seiten die Bühne.*
>
> *Licht an.*

F   So, auf ein Neues.

> *M ironisch.*

M   Klar, Sportsfreundin.

F   Nun mal nicht so, ich habe sogar den Schläger neu gespannt!

M   Wir dürfen also *gespannt* sein.

F   Aufschlag!

> *M und F „spielen" im Folgenden ohne Ball, beide mit Blick zum Publikum Squash.*

M   Soll ich dir was sagen, sieht echt gut aus mit der Beförderung!

F	Ach ja?
M	Jo, habe mich auch richtig reingehängt – 60 Stunden-Woche, Urlaub gestrichen und natürlich immer erreichbar...
F	Was sagt denn Gabi dazu?
M	Ach, die sagt schon lange nichts mehr dazu.

M winkt ab.

F	Aha? Sie sagt also schon lange nichts mehr...
M	Du, wenn erst mal die Kohle richtig stimmt, dann werden hier ein paar echte Träume wahr!
F	Wollte Gabi nicht immer schon mal mit dir auf den Jakobsweg?
M	Hör mir bloß damit auf – ich mache hier doch keinen auf Hape Kerkeling, das wird frühestens was, wenn ich in Rente bin!
F	Ja, und was stellst du dir dann vor?
M	Boah, wo fange ich an... Tandemsprung aus 4.000 Metern, Helikopter-Ski in den Rockis, Rallye Paris-Dakar...
F	Jetzt erwarte mal nicht zu viel – nebenbei musst du dann ja noch weiterarbeiten.
M	Wart's ab... Gibt's denn bei dir was Neues?
F	Immer was Neues und selten was Gutes....
M	Ärger mit dem Ex?
F	Kann angeblich keinen Unterhalt für die Zwillinge bezahlen... Danke übrigens noch mal, dass Du die Vereinsgebühr hier übernommen hast.
M	Sonst müsste ich mir ja eine neue Trainingspartnerin suchen! Was wird denn nun eigentlich aus dem Haus?
F	Ha! Haus? Das kommt nächsten Monat unter den Hammer...
M	Oh...
F	Mit meinem Job lieg ich kurz über Hartz IV!

M   Du bist doch ein patentes Mädchen, da findet sich doch sicher was!

F   Viel weiter bergab geht es jetzt zumindest nicht mehr. Aber... es gibt ja noch wichtigeres im Leben!

M   Klar gibt es noch wichtigeres im Leben! Aber um seine Interessen durchzusetzen muss man auf Zack sein! Wer sich hinten anstellt, hat doch schon verloren! Du musst dich durchboxen, schneller sein als die anderen. Keine Rücksicht auf die Weicheier nehmen, die meinen, nur durch ihre Behinderung oder wegen sonst irgendeines sozialen Hintergrundes ein Recht auf irgendetwas zu haben! Oder noch schlimmer, eine Frauenquote... Du musst immer schneller sein als die anderen und die Möglichkeiten, die es gibt, musst du nutzen!

F   Also ich denke nicht, dass man jede Chance nutzen muss, sondern dass man ruhig mal entschleunigen darf, um dann zu sehen, was man will, was man braucht und ob es auch noch andere Wege gibt, etwas zu erreichen.

M   Du meinst also ganz nach dem Motto: „Nur wer seinen eigenen Weg geht, kann von niemanden überholt werden!"

F   So ungefähr, nur halt ohne die ständige Angst im Nacken, von einem anderen, der irgendwie besser ist, überholt zu werden.

M   Aber Sabine, du weißt doch, dass ich nur deshalb so erfolgreich und anerkannt bin, weil ich ständig bis an meine Grenzen und darüber hinausgehe?

F   Anerkannt? Von wem?

M   Äh?! Von meinem Chef z.B.?

F   Also ich denke, dass die Menschen, die nicht ständig dem Erfolg oder dem nächsten Kick hinterherrennen in der Gesellschaft genauso anerkannt werden und es da wenig interessiert ob man „nur" eine Putzkraft oder Kassiererin in einem Discounter ist.

M   Aber du musst doch merken, dass du in deinem Leben stecken geblieben bist und dass da noch viel mehr geht!

F   Also erst mal *muss* ich gar nichts. Und außerdem bin ich mit meinem Leben grundsätzlich zufrieden. Du musst doch nicht immer höher, schneller, weiter...

Das ist doch gerade die Kunst: Einfach mal mit dem zufrieden sein, was man hat, einfach mal Dinge annehmen können. Mein Motto lautet da eher: Zufrieden sein, so wie es ist, auch wenn niemand einen küsst.

M   Jeder ist seines Glückes Schmied – man muss den Hammer schon   selber schwingen.

F   Das ist doch viel zu einfach gedacht.

        Kurze Pause, M und F spielen weiter.

F   Und wie geht es deinem Onkel?

M   Ach hör bloß auf! Der ist völlig am Ende. Du weißt ja, der hat Altersdemenz.

F   Und dabei war er doch immer so fit.

M   Früher, da ist er immer Motorrad gefahren und das bis zum Limit... und jetzt muss man ihn sogar daran erinnern, auf's Klo zu gehen.

F   So schlimm?

M   Ne, noch schlimmer!

F   Dann lieber keine Kohle vom Ex...

        M ironisch:

M   Bleibt Dir ja gerade auch nicht viel anderes übrig...

F   Blödmann...

        M hört plötzlich auf zu spielen und verzieht schmerzverzerrt das Gesicht.

M   Ahhhh!

F   Oh nein!

M   Scheiße! Das tut höllisch weh. Da sind bestimmt die Bänder gerissen...

F   Ich hol jemanden!

M   Und das wo ich morgen diesen wichtigen Termin habe! Ohne mich können die es doch gar nicht! Und die Präsentation ist noch nicht fertig! Mann, wenn ich das dem Chef sage...

M energisch zu F:

M   Nun geh doch endlich, der Vereinsdoc macht mich bestimmt in drei Minuten wieder fit.

F   Der Vereinsdoc hat Urlaub, stell dir vor... und du solltest dir auch dringend welchen nehmen!

Licht aus

JA, ICH WILL!

Thema

Entscheidung, Jesus, Konsum, Finanzen

Zusammenfassung

Ein neues Auktionshaus hat in Ihrer Kirche geöffnet und es werden die teuersten Dinge ersteigert, sogar auf Kosten der Gesundheit und der Beziehung. Nur einen gewissen „Jesus" will keiner ersteigern.

Botschaft

Das Stück hat zwei Aussagen. Zum einen fragt es kritisch nach, wozu wir alles „Ja" sagen, was wir alles „wollen" und was uns das eigentlich wirklich kostet. Gleichzeitig endet es mit der Frage, wie es sich mit Jesus und unserem „Wollen" und „Ja-Sagen" verhält. Daher kann es auch gut für evangelistische Zwecke eingesetzt werden.

Benötigt

Fünf Schauspieler

- Auktionator (A): Elegant gekleidet
- Bieter 1-4 (1) (2) (3) (4): Normale Kleidung

Außerdem benötigt: Beamerbild 1 (Auktionshaus oder –hammer), Beamerbild 2 (Fernseher), Beamerbild 3 (Mond), Beamerbild 4 (benutztes Taschentuch), Beamerbild 5 (Facebook-Logo), Beamerbild 6 (Hautcreme), Beamerbild 7 (Geldscheine), Beamerbild 8 (Fluch der Karibik Bild mit Johnny Depp).

Stück

Beamerbild 1 wird eingeblendet. Auf der Bühne steht nur A. 1,2,3,4 sitzen schon seit Beginn des Gottesdienstes im Publikum verteilt.

Licht an.

A   Herzlich Willkommen hier im neuen Auktionshaus [Name der Kirche], Ihrer ersten Adresse für Auktionen jeder Art in [Name der Stadt]. Schön, dass Sie diesen Sonntag um [Uhrzeit einsetzen] den Weg zu uns gefunden haben!

Gleich zu Beginn habe ich für Sie ein absolutes Must-Have, das heutzutage in keinem Wohnzimmer fehlen darf: Ein nahezu nigelnagelneuer 100 Zoll HD-Fernseher!

Beamerbild 2 wird eingeblendet.

A   200 Euro Startgebot.

1,2,3,4 stehen auf sobald sie etwas sagen und bleiben den Rest des Stückes stehen.

1   Ich bin dabei!

2   250 Euro!

3   420 Euro!

A   420 zum Ersten, Zweiten und Dritten! Verkauft an die Dame, die hautnah und in HD das Ausscheiden der Deutschen Nationalelf in der Vorrunde miterleben wird.

Machen wir weiter mit einem ganz exklusiven Angebot: Die Wohnungspreise explodieren – und ein Quadratmeter auf dem Mond ist unter normalen Umständen unerschwinglich, nicht so heute! Wir haben für Sie einen Quadratmeter Mond!

Beamerbild 3 wird eingeblendet.

A   12.000 Euro Startgebot!

4   JA!

1   Ich biete 20.000 Euro!

2   Was wollt ihr denn mit einem Stück Mond?!

3   Kann dir doch egal sein warum wir das wollen – ich biete 25.000 Euro!

A   Dann wird der Quadratmeter Mond für 25.000 Euro verkauft, zum Ersten, Zweiten und Dritten! Das Stück Mond geht erneut an die Dame!

Aber keine Sorge – egal was Sie wollen, wir haben heute für jeden etwas dabei: Z.B. jetzt hier – und jetzt passen Sie auf: ein von Michael Jackson höchstpersönlich benutztes Taschentuch!

Beamerbild 4 wird eingeblendet.

A   Wer von Ihnen möchte dieses Stück Weltgeschichte ersteigern?

1   Meine Frau ist der größte Michael Jackson Fan, egal was ich zahlen soll, ich werde es bezahlen!

2   Und ich werde immer zweimal mehr wie Sie zahlen!

A   Startgebot 45.000 Euro!

1/2   Oh...

1   Ich muss einmal kurz meine Frau anrufen...

2   Und ich meinen Finanzberater...

4   Dann kaufe ich es für 45.000 Euro!

A   Damit geht das Stück Weltgeschichte an den größten und dümmsten Fan der Welt, der nicht gezögert hat!

Und jetzt etwas für alle Einsamen und Sehnsüchtigen unter uns: Wir versteigern erstmals 1000 Freunde bei Facebook inkl. 300 Bildverlinkungen!

Beamerbild 5 wird eingeblendet.

2   Ich biete 10.000 Euro!

2 wartet und schaut erwartungsvoll in die Runde.

2   Bietet niemand mehr als 10.000 Euro? Offensichtlich nicht!

A   Dann gratuliere ich Ihnen zu 1000 neuen Freunden, die ihnen sicher in jeder Lebenslage zur Seite stehen und 300 neuen Bildverlinkungen, die ihr Leben wieder lebenswerter machen!

Machen wir weiter mit einer Neuentwicklung aus der Branche der ewigen Jugend: Die weltweit erste und einzige Anti-Falten-Creme die tatsächlich ewige Jugend schenkt!

Beamerbild 6 wird eingeblendet.

A   Sehen Sie mit 80 noch genauso frisch und unverbraucht aus wie mit 17 Jahren!

1   Das könnte meiner Frau sogar noch besser gefallen als das Taschentuch von Michael Jackson...

2	Ähm, wie teuer wird das denn? Ich habe ja schon 10.000 Euro für meine Facebook Freunde bezahlt...
A	Startgebot: 60 Euro.
2	Das geht ja noch!
A	Je Gramm!
2	Oh...
1	Ich will den gesamten Vorrat kaufen!
A	Das wäre momentan ein Gesamtvolumen von knapp einer halben Million Euro!
1	Dann nehme ich einen Kredit auf – für ewige Jugend meiner Frau tue ich alles!
A	Somit gehört diese Anti-Falten-Creme Ihnen! Bei der Masse an Creme ist auch für sie sicherlich ein Griff in die Dose mit drin.

Und machen wir weiter: Unser nächstes Angebot: Wir bieten eine erfolgreiche Karriere im Beruf inkl. Frührente und satter Abfindung!

Beamerbild 7 wird eingeblendet.

2	Da kann man doch nicht nein sagen!
3	Was fordern Sie denn dafür?
A	Es könnte Ihre Gesundheit kosten...
3	Tz, Gesundheit! Sterben tun wir doch eh alle einmal! Nehmen Sie meinem Immunsystem was sie wollen oder nehmen Sie es ganz – aber geben Sie mir die Karriere!
4	Gesundheit – pah! Ich gebe meine Familie wenn Sie wollen! Nehmen Sie mir Frau und Kind oder was auch immer, solange ich meine Erfüllung endlich im Beruf finden kann!
A	Okay ich lege noch einen oben drauf: Ich biete nicht nur eine erfolgreiche Karriere im Beruf inkl. Frührente und satter Abfindung – nein, es kommt noch ein einmaliges Segel-Erlebnis dazu: Segeln Sie nach einem erfolgreichen Leben in Ihrer Frührente mit Johnny Depp durch die Karibik!

Beamerbild 8 wird eingeblendet.

A   Was sagen Sie dazu? Wer will nochmal, wer hat noch nicht?

1   Ja, ich will!

2   Natürlich wollen wir das alle! Was gibt es Größeres!?

3   Ich gebe alles was ich habe!

4   Und meinen Mann kriegen Sie dazu!

3   Meinen Mann müssen Sie nicht dazu nehmen!

A   Wissen Sie was? Heute ist ihr Glückstag: Als Geschenk, für Sie, zur Eröffnung unseres neuen Auktionshauses schenken wir jedem von Ihnen eine Karriere und ein Segelerlebnis mit Johnny Depp!

1   Der Wahnsinn!

2   Unglaublich!

4   Wenn ich das meinem Mann erzähle!

3   Das Leben hat wieder einen Sinn!

A   So und zum Abschluss habe ich noch ein Sahnehäubchen für den bis jetzt sehr erfolgreichen Morgen. Im Angebot haben wir eine Stunde pro Woche mit einem gewissen Jesus aus Nazareth!

1   Seit meine Frau wieder wie 17 aussieht, verbringe ich meine Zeit nur noch mit ihr...

1 setzt sich hin.

2   Ich hab genug Freunde, aber hat dieser Jesus auch ein Facebook-Profil?

2 setzt sich hin.

3   Puh... ich denke, da bin ich sicher bereits auf meinem neuen Stück Mond und gucke Fußball.

3 setzt sich hin.

4   Ich habe kein Geld mehr...

A   Das Wunderbare ist, es kostet nichts. Sie müssten lediglich einmal in der Woche in die Kirche kommen...

4   Kirche?! Ich bin doch nicht bescheuert!

     4 setzt sich hin.

A   Tja, jetzt sind wir fast alles losgeworden, nur diesen Jesus nicht. Hat einer von Ihnen vielleicht Interesse?

     Licht aus.

KEINE ZEIT

Thema

Zeit, Stress

Zusammenfassung

Willi lebt im vollen Stress: Auf der Arbeit, beim Essen holen, auf der Post – bis er eines Tages zusammenbricht. Aber selbst im Krankenhaus hört der Stress nicht auf – überall geht es um Zeit und Pünktlichkeit.

Botschaft

Das Stück selbst hat keine explizite Botschaft, eignet sich aber sehr gut als Einstieg zu dem Thema „Zeit"; besonders, wenn es darum geht *keine* Zeit zu haben.

Benötigt

Fünf Schauspieler (in sieben Rollen)

- Willi (W): Gut angezogen, Paket, Uhr
- Postbeamter (P): Postbekleidung, zur Not Schwarz-Gelb, Notizbuch
- Sprecher (S): /
- Mutter (M): Normal gekleidet
- Kevin (K): Kleinkindlich gekleidet
- Krankenschwester (R): Krankenschwester-Hut, weiß gekleidet
- Verkäuferin (V): Möglichst im McDonalds Outfit, Handy

Außerdem benötigt: Audio-Datei mit dem Löwenzahn-Titelsong aus der TV-Serie, Beamerbild 1 (McDonalds Filiale), Buch, Sonnenhut.

Stück

> *Titelsong von Löwenzahn wird eingespielt. W steht in der Mitte der Bühne. S spricht aus dem Off.*
>
> *Licht an.*

S   Das ist Willi. Der Willi ist ein wichtiger Manager in einem wichtigen Unternehmen. Willi kommt gerade von einer wichtigen Besprechung. Sein Blackberry meldet eine Pause. Heute sind es 15 Minuten. Willi muss dringend ein wichtiges Paket verschicken, deshalb geht Willi zur Post.

> *P kommt auf die Bühne. W geht zu ihm.*

W	Hier mein Paket! Muss sofort per Express nach München.

W gibt P das Paket.

P	Express?! Das haben wir ja schon lange nicht mehr.
W	Das gibt es doch nicht! Das muss morgen da sein.

P macht beschwichtigende Bewegungen.

P	Nun mal langsam.

P blättert in einem Notizbuch.

P	Jetzt schauen wir mal, wann es am frühesten ankommen kann. Soll es ein Weihnachtsgeschenk sein?
W	Was?! Wir haben doch Juni!
P	Jetzt lassen Sie mich doch mal schauen. Wollen sie vielleicht einen Kaffee?
W	Wenn sie einen da haben.
P	Ok, dann werde ich einen aufsetzen.
W	Kümmern Sie sich gefälligst um mein Paket!
P	Es tut mir leid, aber wir versenden mit der Deutschen Bahn! Wenn die nicht gerade streiken oder Verspätung haben oder eine Demo ist... dann... aber sonst...
W	Sie Schnecke, Sie Lahmarsch, Sie Idiot, Sie... Beamter! Ich werde mich beschweren. Sehen sie zu, dass das Paket ankommt.

W verlässt aufgebracht die Bühne. P schüttelt den Kopf und nimmt das Paket bedächtig und langsam an; geht anschließend ab.

S	Willi hat Hunger! Fünf Minuten reichen dicke. Dazu geht er in ein Lokal mit überregional geschätzter Küche.

Beamerbild 1 wird eingeblendet. Auf die Bühne kommen V, M, K und W. Sie stehen in einer Schlange vor V, W am Ende.

W	Kann ich schnell vor? Ich hab's ganz eilig.
M	Nein, jetzt sind wir erstmal dran! Kevin komm doch mal! Was hättest du denn gern? Was soll dir die Mutti kaufen?

K	Ich will die Juniortüte!
M	Eine Juniortüte und ein Big-Meal, bitte.
V	Die Juniortüte mit 4 Chicken McNuggets, eine kleine Cola, eine Pommes und ein tolles rosa Auto.
K	Nein! Ich will 6 Chicken McNuggets und ein blaues Auto.
V	Tut mir leid, blaue Autos sind leider aus.
K	Dann will ich keine Juniortüte.
W	Entschuldigung ich habe es wirklich eilig.
M	Dann nehmen wir jetzt erstmal das Big-Meal.
V	Das macht dann 6,99€.
M	Warten Sie, ich glaube ich habe es passend.
W	Nein!!!
M	6,60 €, 6,70 €, 6,80 €, 6,90 €, 6,95 €, 6,97 €, 6,98 € – ach, leider doch nicht.

W bricht zusammen.

M	Herrje! Rufen Sie einen Notarzt!

V holt ihr Handy heraus und telefoniert.

S	Hier ist ihre Notrufzentrale. Handelt es sich um einen Verkehrsunfall, dann drücken Sie die 1. Handelt es sich um einen Haushaltsunfall, dann drücken Sie die 2. Für alle sonstigen Fälle drücken Sie die 3.

V drückt die 3 auf ihrem Handy.

S	Sie werden mit dem nächsten freien Mitarbeiter verbunden. Bitte haben Sie etwas Geduld.

Licht aus.

K, M, V gehen von der Bühne. W stellt sich wieder in die Mitte der Bühne.

S   Willi ist zusammen gebrochen. Deshalb muss Willi zur Kur. Dort entspannt er jetzt richtig und hat viel Zeit.

W nimmt seine Uhr ab und nimmt ein Buch auf und setzt sich einen Sonnenhut auf den Kopf.

R kommt schreiend von hinten in die Kirche.

R   Willi was machen Sie denn hier? Sie hatten um 8:00 Uhr Anwendung und um 9:00 Uhr das Massagepaket. Frühstück haben Sie auch verpasst und in fünf Minuten will Sie der Arzt sehen. So etwas Langsames, wie Sie hatten wir hier schon lange nicht mehr. Wo ist überhaupt Ihre Uhr, hier herrscht Pünktlichkeit. Sie sind hier doch nicht im Urlaub. In fünf Minuten Visite beim Arzt.

R während des Weggehens:

R   So ein Lahmarsch, so eine Schnecke, so ein Idiot...

W geht deprimiert von der Bühne ab.

Licht aus.

AUSSERIRDISCH

Thema

Außerirdische, Religion, Bibel, Perspektivwechsel

Zusammenfassung

Drei Außerirdische sind auf Entdeckungsreise. Sie warten auf Befehle von oben und trauen sich noch nicht an die Erde heran. Derweil beobachten sie das Treiben auf der Erde und machen ihre ganz eigenen Feststellungen.

Botschaft

Es lohnt sich manchmal, die Dinge von außen zu betrachten oder eine neue Perspektive einzunehmen. Das Stück kann als Einstieg rund um die Themen Perspektivwechsel oder auch „Außerirdische" und Weltreligionen gut genutzt werden.

Benötigt

Vier Schauspieler

- Commander (C): „außerirdisch" gekleidet, Handtuch
- Zweiter Offizier (Z): „außerirdisch" gekleidet, Handtuch, riesiges Handy aus Pappe
- Dritter Offizier (D): „außerirdisch" gekleidet, Handtuch
- Sprecher (S): /

Außerdem benötigt: Beamerbild 1 (Galaxie), Beamerbild 2 (Raumschiff), Paket Klopapier, Großer Joystick, Laptop/Bildschirm, ein Tisch, drei Stühle, Beamerbild 3 (blauer Punkt auf schwarzem Hintergrund), Beamerbild 4 (Erde aus Weltall), Beamerbild 5 (Papst), Beamerbild 6 (Angela Merkel).

Stück

Beamerbild 1 wird eingeblendet. S spricht aus dem Off.

S   Der Weltraum. Unendliche Weiten.

Wir befinden uns nicht in einer fernen Zukunft. Dies sind die Abenteuer des Raumschiffs Mome N-tal, das viele Lichtjahre von ihrem Heimatplaneten Botox entfernt unterwegs ist, um fremde Welten, unbekannte Lebensformen und neue Zivilisationen zu entdecken. Die Mome N-tal dringt dabei in Galaxien vor, die nie ein Botoxianer zuvor gesehen hat.

C, Z, D setzen sich an den Tisch. C hat den Joystick in der Hand.
Beamerbild 2 wird eingeblendet.

Licht an.

C   Ist ja mal wieder nix los im All.

Z   Seit 5 Lichtjahren unterwegs und nur durch langweiligen Sternennebel gerauscht.

D   Ich weiß echt nicht, was wir hier noch sollen, ist ja doch wieder nur eine öde leere Galaxie. Ich will endlich wieder zurück nach Botox.

Z   Ich glaube nicht mehr an Außerbotoxsche. Aber die Zentrale ist ja nicht davon abzubringen.

C   Reißt Euch zusammen, wir haben eine Mission zu erfüllen. Ihr kennt das Handbuch:

Eine Mission wird so lange ausgeführt, bis sie erfüllt ist. Eine Mission kann nur aus zwei Gründen abgebrochen werden. Erstens: Vollständige Vernichtung des Raumschiffs. Zweitens: Das Klopapier ist alle.

Alle schauen deutlich zum Klopapier, das am Rand der Bühne steht und schütteln dann den Kopf.

D   Commander!

D zeigt aufgeregt auf den Schirm.

D   Großes blaues Etwas voraus!

Beamerbild 3 wird eingeblendet.

C   What?

D ruft laut:

D   Großes blaues Etwas voraus!!!

Z   Anhalten!

C hantiert mit Joystick.

C   Volle Schubumkehr!

Licht mehrfach an und aus. C, D, Z werden „durchgeschüttelt.

D   Haben wir es gerammt?

C   Gerade noch mal gut gegangen. Hol das Ding auf den Schirm.

Z drückt ein paar imaginäre Knöpfe. Beamerbild 4 wird eingeblendet.

C   Wow, ist ja absolut oberbotoxisch! Beobachtungsposition einnehmen!

Kurze Pause. Alle stehen auf und verharren angestrengt auf den Bildschirm schauend.

D   Commander, wieso beobachten *wir* das eigentlich? Haben wir dafür nicht unsere Sensoren?

C   Ach ja stimmt. Alles wieder setzen.

Alle setzen sich. Z drückt wieder auf einigen Knöpfen herum.

Z   Toll, ich kann gar keinen Ton verstehen!

C   Du musst bei deinem Empfänger ins Menü gehen, dort auf Tonauswahl und dann auf...

D   Außerbotoxisch drücken!

Z   Ich empfange über mein neues Bigphone von Microsaft, da wurde die Menüführung völlig verändert!

Z hält riesiges Handy aus Pappe hoch.

C   Na, jedenfalls hat die Zentrale das Schnellerkennungsprogramm außerbotoxschen Seins integriert, könnte ja ausnahmsweise einmal funktionieren...

D beugt sich dicht an den Bildschirm.

D   Der Planet besteht ja zu ganz großen Teilen aus Wasser!

Z   Und schau mal diese Wesen, die sich da am und im Wasser tummeln!

D   Die meisten haben ja gar keine Handtücher dabei und die, die eins benutzen sind unbekleidet!

C   Na und, nach deren Definition sind wir wahrscheinlich auch drei Nackte mit einem Handtuch.

D	Aber dafür haben sehr viele von diesen Bewohnern, diese „Menschen", ein für sie anscheinend wichtiges Buch dabei.
C	Also, was haben wir denn da alles… hm, viele haben eine sogenannte Bibel dabei, die heißt aber immer anders: Luther, Elberfelder, Griechisch, Gute Nachricht, da soll mal einer draus schlau werden. Und viele haben einen Koran dabei und auch nicht wenige haben Selbsthilfebücher…
D	Die ersten beiden sind sogenannte „religiöse" Bücher, die von Göttern handeln.
Z	Götter?
C	Ja, so was wie unser großer Lenker, dort heißen die „Gott" und „Allah".
D	Und sie gehen in Glaubenshäuser, in katholische, evangelische und Baptistenkirchen…
C	In Moscheen, Synagogen oder machen es unter freiem Himmel.
Z	Was machen die unter freiem Himmel?
D	Na, diesen Göttern huldigen!
C	Und viele von diesen Menschen haben das Bild von einem alten Mann in ihrem Haus hängen!

Beamerbild 5 wird eingeblendet.

D	Und fast genauso viele das von einer alten Frau!

Beamerbild 6 wird eingeblendet.

Z	Commander, was machen die denn da unten?!!
C	Siehst du doch, die hauen sich auf die Mütze. So wie die Köpfe aussehen, passiert das anscheinend öfter.
Z	Worüber sind sie sich denn diesmal nicht einig?
D	Egal, Hauptsache nicht einig.
C	Geht wohl um Öl, irgendwelche Menschenrechte, irgendwie so was. Jedenfalls ist am Ende der Lebendbestand immer dezimiert und der Gewinner denkt sich neue Regeln aus – das nennen die dann „Freiheit".

C	So Leute, wie ist denn zurzeit die Daten-Lage, kommen wir gut mit der Katalogisierung voran?
Z	Ja, Commander.
C	Gut. Was ist denn noch wichtig? Aha: Fernsehen, Fußball, Facebook – manche von denen beschäftigten sich mit gar nichts anderem mehr. Muss auch so eine Art Gott sein.
Z	Diese Sache mit dem Fernsehen benutzen sie zur Information... auch wenn die auf mich eher verwirrt als informiert wirken.
D	Ich tippe auf Volksverblödung. Darauf verwette ich mein Handtuch.
Z	Dein Handtuch? Bist Du verrückt?
D	Habt Ihr gesehen, was da für Schund während einer Umdrehung läuft?
C	Bleibt bitte bei der richtigen Benennung: *Tag* heißt das bei denen.
D	Meinetwegen. Aber trotzdem voll der Mist.
Z	Dieses Fußballdings scheint doch Spaß zu machen. Können wir das nicht bei uns auf Botox einführen?
C	Dann muss uns aber erst mal einer die Regeln erklären. z.B. Abseits scheint sehr kompliziert zu sein. Ca. die Hälfte der Bevölkerung scheint das nicht zu verstehen.
D	Die Weibchen?
Z	Ach, sind das alles Weibchen?
C	Man nennt sie dort Frauen... Oh, Achtung! Empfange Nachricht aus Zentrale: Alles bereit machen für Invasion!
Z	Aber wir sind doch nur zu dritt!
D	Und die haben mehr Handtücher!

Z rennt zum Klopapier und wirft es in die Menge.

| Z | Und wir haben kein Klopapier mehr!!!! |

Licht aus

ZUM GLÜCK

Thema
Glück, Sinn des Lebens

Zusammenfassung
Verschiedene Menschentypen treffen sich an einer Bushaltestelle und warten auf den Bus „Zum Glück". Dabei kommt heraus, dass sie sehr unterschiedliche Vorstellungen haben, was „Glück" ist.

Botschaft
Glück kann für jeden anders aussehen. Dabei bietet das Stück einen guten Einstieg zu dem großen Thema Glück. Gibt es vielleicht doch ein „Glück", das für alle Menschen gleich ist oder für alle gleichermaßen da ist?

Benötigt
Vier Schauspieler (in sechs Rollen)

- Reicher Snob (S): Sehr gehoben angezogen, Champagner-Flasche und Öffner
- Alternativer (A): sehr locker gekleidet, Tücher, Leinentasche, Joint
- Hausfrau (F): normal gekleidet, viele Einkaufstaschen
- Arbeitsloser (L): normal gekleidet
- Freund des Arbeitslosen (F): Wie L
- Joggerin (J): Sportklamotten, Wasserflasche

Außerdem benötigt: Haltestellenschild, Bank.

Stück

Auf der Bühne stehen nur das Haltestellenschild und daneben eine Bank.

Licht an.

A schlurft auf die Bank zu und zieht an seinem Joint. S kommt kurz darauf energievoll angerauscht, stoppt abrupt vor der Bank, als er sieht, dass die von einer Person besetzt ist.

A   Na Alter, auch auf dem Weg zum Glück?

A zieht an seinem Joint.

S   Ich?! Ha! Ich bin doch schon längst da: Villa an der Elbchaussee, hammergeile Frau, fetten Job bei der Bank – immer noch Bonuszahlungen ohne Ende – und: keine Kinder!

A   Du armes Schwein…

S   Hä?

A   Alter, jetzt setzt dich erst mal hin! Ey, Besitz belastet und die Welt ist voller rattenscharfer Frauen – guck mich an, es gibt ein Leben ohne Arbeit!

S   Mann, du bist ja echt krank… Was meinst du, was das für ein irres Gefühl ist, wenn ich bei meinem goldmetallic Ferrari den Schlüssel umdrehe. Wie die Leute dann gucken! Und: *Ich* liege dem Staat bestimmt nicht auf der Tasche!

A   Wieso?

A zeigt seinen Joint.

A   *Ich* lebe von nachwachsenden Rohstoffen!

S   Mann, Du verpestet die Luft!

A   Ah, ich fühle es, da kommt mein Bus.

S   Na zum Glück.

Imaginärer Bus kommt, A steigt ein, S setzt sich auf die Bank.

S   Meine Güte, bei dem muss die Glücksfee aber Überstunden schieben.

F kommt angelaufen, ist vollbepackt mit Taschen und wirkt leicht gehetzt.

F   Ach, ist der Bus schon weg?

S   Kommt drauf an, welchen Sie nehmen wollten.

F   Na, den zum Glück!

S   Also den von eben, den wollen Sie bestimmt nicht.

F   Ach ja?

S	Was schleppen Sie da eigentlich alles mit sich rum?
F	Die paar Kleinigkeiten, na, die braucht Frau halt, wenn sie unterwegs ist.

S guckt sich das Gepäck genauer an.

S	Ein Sack voller Sorgen, was wollen Sie denn mit dem?
F	Tja, der ist immer dabei, schon wegen der Kinder.
S	Kinder! Ich hab´s ja gesagt!
F	Wieso? Ich habe doch auch noch das hier.

F hält eine Tüte hoch.

F	Da steckt nur Freude drin.

S schaut in die Tüte.

S	Hm, ist wohl Ansichtssache mit der Freude… *Ich* freue mich, wenn ich mit meiner Yacht vor Monte Carlo kreuze und der Schampus in Strömen fließt.
F	Oh ja, es ist wohl Ansichtssache… Dann passen Sie mal auf, dass Sie dabei nicht versehentlich Kurs auf Afrika nehmen… Oh, mein Bus!

Imaginärer Bus kommt, F steigt ein.

S	Tschüss Mutti!

L betritt mit hängenden Schulter, deprimiert die Bühne.

A	Junge, was ist dir denn über die Leber gelaufen?
L	Ach…
S	Mensch, setz dich, wir lassen es jetzt mal krachen.

S holt eine Champagner-Flasche hinter der Bank hervor.

S	Moet & Chandon/Veuve Cliquot! Vom Chef. Habe gestern drei blöden Rentnern einen fetten Bausparvertrag angedreht.
L	Nee, lass mal, ich habe andere Sorgen.

F kommt auf die Bühne

F	Heinz, Du hier, um diese Uhrzeit?

L   Hm.

F   Was ist denn los, Du bist ja voll schlecht drauf?

L   Ach, lasst mich doch einfach zufrieden!

F   Hej, sach doch, wat issn?

L   Der Alte hat mich gefeuert.

F   Und?

L   Und?! 20 Jahre für den Verein geschuftet, vor fünf Jahren die letzte Gehaltserhöhung, immer Überstunden, und das ist der Dank?!

F   Mensch, ist doch geil, endlich raus aus dem Laden. Sei mal ehrlich, Du warst doch total unzufrieden, wolltest selbst immer in den Sack hauen. Das ist die Chance, jetzt kommt was richtig cooles Neues.

L   Meinst Du echt?

L sieht auf einmal seinen Bus kommen.

L   Oh, guckt mal, mein Bus! Wer hätte das gedacht?

L steigt in den imaginären Bus ein.

F   Ja, dann mach´s mal gut!

S   So ein Loser. Der wär bei mir auch nicht alt geworden!

F   Wie assig bist du denn drauf?

S   Guck mich doch mal an: *ich* habe es zu was gebracht, Villa an der Elbchaussee, hammergeile Frau, fetten Job bei der Bank –

F   Ach hör auf, alles Mummpitz. Darauf kommt`s doch gar nicht an.

F guckt kurz auf die Uhr.

F   *Ich* muss jetzt jedenfalls weiter.

F geht ab.

S   Die haben hier doch alle ein Rad ab, ist ja schlimmer als in der Talkshow.

J kommt angejoggt.

J   Ist er schon weg?

S mehr zu sich selbst:

S   Ein Trimm-Dich Weibchen! Was denn noch alles heute?

J   Ach, du hast ja keine Ahnung. Weißt du wofür ich das hier mache? Der Schweiß! Der Schmerz? Schon mal was von Runners High gehört? Dieser mystische Rauschzustand! Wenn tonnenweise Serotonin sich in dir ausbreitet! Die Welt nur noch bunt vorbeirauscht! Das ist Glück!!!

     Kurze Pause

J   *Ich* nehme nicht den Bus, ich laufe selbst!

     J joggt wieder davon. S wartet kurz, schaut auf die Uhr, steht dann auf, geht zu dem Haltestellenschild und schaut auf den Fahrplan. Er Ist verdutzt.

S   Merkwürdig, da kommt heute gar kein Bus mehr...

     Kurze Pause.

S   Hm, Pech gehabt!

     Licht aus.

BILD DIR DEINE MEINUNG

Thema

Meinungsbildung, Urteilen, Lästern, Glück

Zusammenfassung

Ein Unfall geschieht, das Opfer hat noch Glück im Unglück und überlebt. Doch im Büro, in der Kirche und in den Zeitungen wird der Unfall unterschiedlich interpretiert: War es ein Selbstmordversuch oder göttliche Rettung? Hatte er Spielschulden oder war er Märtyrer? Die gebildeten Meinungen gehen weit auseinander.

Botschaft

So wichtig es ist, sich eine Meinung zu bilden, so gefährlich ist es auch. Schnell können Vorurteile oder falsche Rückschlüsse gezogen werden. Das Stück könnte als Einleitung dienen, wenn es um Fragen der Informationsbeschaffung im Glauben geht oder aber auch wenn es um das Urteilen und Lästern in unserem Alltag geht.

Benötigt

Fünf Schauspieler (in acht Rollen)

- Sprecher (S): /
- Marie Möller (M): Passend für Büroangestellte gekleidet
- Büroangestellte 1 (1): Passend für Büroangestellte gekleidet
- Büroangestellte 2 (2): Passend für Büroangestellte gekleidet
- Pastor (P): Talar
- Passant A (A): Jacke, Hut, Tablet
- Passant B (B): Mantel, Zeitung
- Passant C (C): Coffee to Go, Jacke

Außerdem benötigt: Tisch, drei Stühle, Kaffeemaschine, drei Kaffeebecher, Beamerbild 1 (Himmel), Beamerbild 2 (Büro), Beamerbild 3 (Kirche), Beamerbild 4 (Cafe).

Stück

> *Auf der Bühne stehen der Tisch und die Stühle. Beamerbild 1 wird eingeblendet. S spricht aus dem Off.*

S   Es ist Samstag der 17.5.2010. Um 12:27 startet die Diamond DA 42 vom Flughafen Lübeck-Blankensee. An Bord befinden sich der 41-jährige Pilot Hendrik Schmidt, die aufgeregte Bürokauffrau und Fallschirmsprungschülerin Marie Möller sowie der 47-jährige Fallschirmsprunglehrer Alexander Grube.

Nach 20 Jahren und unzähligen Sprüngen wird er heute aus gesundheitlichen Gründen seine Fallschirmsprunglehrer-Laufbahn beenden.

Nachdem Marie Möller das Flugzeug sicher verlassen hat, macht auch Alexander Grube sich zum Absprung bereit. Pilot Hendrik Schmidt dreht sich um und ruft ihm zum Abschied zu: „Dein letzter Sprung heute, Alexander?" Alexander Schmidt lächelt und antwortet: „Ja, das ist mein allerletzter Sprung heute!"

M, 1 und 2 betreten die Bühne. Beamerbild 2 wird eingeblendet.

Licht an.

S   Am darauf folgenden Montagmorgen, um 9 Uhr im Büro.

Alle sind betroffen und etwas überfordert mit der Situation:

1   Marie, du musst uns das nochmal erklären: Dein Fallschirmsprunglehrer ist dann einfach so an dir „vorbeigefallen"?

M   Ich bin aus dem Flugzeug gesprungen, habe den freien Fall genossen, geschrien vor Freude und in der richtigen Höhe meinen Fallschirm gezogen. Bei manchen anderen Sprüngen habe ich die Leine ein wenig zu früh gezogen, dann ist Alexander auch deutlich weiter als ich gefallen, bevor er seinen Fallschirm geöffnet hat...

2   Aber dieses Mal...?

M   Er schoss an mir vorbei und immer weiter und weiter und weiter... direkt auf den Boden zu... kurz vor seinem Aufprall habe ich die Augen geschlossen...

1   Und sowas kann man wirklich überleben?! Wie schnell ist man eigentlich, wenn man vom Himmel fällt?

M   Da schafft man locker 200km/h!

2   200 km/h?! Und der Typ hat das überlebt? So viel Glück kann man doch gar nicht haben!

M	Mit 87 Knochenbrüchen... Aber auch nur, weil er im wahrscheinlich größten und weichsten Busch der Welt gelandet ist und ihn irgendwelche Winde kurz vorm Boden noch ein wenig abgebremst haben sollen...
1	Und weiß man schon, warum er seinen Fallschirm nicht ausgelöst hat?
2	Der hat das doch bestimmt versucht oder nicht? Hast du nicht gesagt, dass es so wirkte, als habe er immer wieder versucht an der Leine zu ziehen?
M	Ich weiß es nicht, das ging so schnell...
1	Ich habe vor kurzem auch gelesen, dass Stiftung Warentest Fallschirmausbildungsstätten getestet hat, und vier von 20 haben nur ein mangelhaft bekommen!
2	Werden die Fallschirme nicht auch inzwischen in China hergestellt?
1	Stell dir mal vor wie grausam das sein muss! Du fällst und fällst und siehst den Abgrund auf dich zukommen und du ziehst und ziehst und versucht alles zu machen – und nur weil heutzutage alles billig sein muss, geht dieser blöde Fallschirm nicht auf!
2	Wie kann man aber nur so viel Glück haben?

Licht aus.

Beamerbild 3 wird eingeblendet. P betritt die Bühne.

Licht an.

S	Am selben Montagabend in einer Gemeinde in Lübeck.
P	Liebe Gemeinde, ich freue mich, dass Sie so zahlreich heute Abend spontan gekommen sind. Sie alle wissen, warum wir hier sind. Wir alle kennen Alexander Grube. Wir kennen ihn als einen liebenswerten und tiefgläubigen Bruder mit einem außergewöhnlichen Beruf. In den letzten Jahren sprach ich schon häufiger mit ihm über die Gefahren des Fallschirmspringens. Er winkte immer lächelnd ab und sagte, Autofahren sei gefährlicher und wahrscheinlich sei selbst beim Predigen die Sterberate höher. Trotzdem, so sagte er, lege er jeden Sprung in Gottes Hand. Vor jedem Start der Maschine nehme er sich Zeit für ein Gebet. Gestern öffnete sich sein Fallschirm nicht und Alexander stürzte auf den Boden zu. Wer mit 200km/h auf den

Boden aufschlägt überlebt nicht. Alexander tat es trotzdem. Wind und ein Busch retteten ihm das Leben, sagte mir ein Feuerwehrmann. Gott rettete ihm das Leben, antwortete ich ihm.

Lasst uns nun eine intensive Gebetszeit nehmen. Auch wenn es ein Wunder Gottes ist, dass Alexander überlebt hat, so kann er jetzt doch unsere Gebete gebrauchen. Auch seine Familie wird sich über Unterstützung freuen. Aber vergessen wir nicht das Lob und den Dank gegenüber Gott.

> *Licht aus.*

> *Beamerbild 4 wird eingeblendet. P geht ab. A, B, C betreten die Bühne (einer mit einem Coffee to go, einer mit Zeitung, einer mit Tablet.*

> *Licht an.*

S   Einen Tag später, am Dienstagmittag in einem Cafe.

A   Das Wunder von Lübeck! Habt ihr schon gelesen? „Mann überlebt freien Fall aus 3600 Meter Höhe".

B   Ja, hast du auch schon gelesen, dass es ein Selbstmordversuch war?

C   Sagt wer?

B   Die Zeitung.

C   Ja, er hatte wohl eine Affäre und seine Frau wollte sich deshalb von ihm scheiden lassen.

B   Also ich habe gelesen, dass er vom Fallschirmunternehmen gefeuert werden sollte, da er zu alt für den Job war und er keine Perspektive mehr in seinem Leben gesehen hat.

A   Woher will die Zeitung das denn schon wieder wissen?

B   Das stand unter der Überschrift „Sein bester Freund packt aus"...

C   Das ist natürlich dann echt blöd... hast 'nen beschissenes Leben und willst es beenden und was passiert? Steht 'nen Busch im Weg...

B   Guck mal hier: Hier steht „der 54-jährige Alexander G. hatte sich durch seine Spielsucht an den Rande einer Insolvenz gebracht. Vor zwei Wochen soll sich dann seine Frau vom ihm getrennt haben..."

A   Also in meiner Zeitung war er „47-jährig"...

C   Naja auf jeden Fall scheint es ja ein Selbstmordversuch gewesen zu sein, sonst würden das ja nicht alle Zeitungen schreiben...

B   Hier steht, ein Pastor habe ihn als „tiefgläubig" bezeichnet... vielleicht ist er ja auch in einer von diesen Sekten, die einem das Geld aus den Taschen ziehen... oder gibt es nicht auch Religionen, in denen man sich umbringt? Da stand zumindest mal was   von in der Zeitung...

A   Sagt mal, eigentlich weiß doch keiner von uns was passiert ist oder?

B   Ach das ist doch egal.

B hält demonstrativ seine Zeitung vor die Nase

B   Ich bild´ mir meine Meinung.

Licht aus.

BEGEISTERT LEBEN

Thema

Heiliger Geist

Zusammenfassung

In einer Talkshow zum Thema Geister sind verschiedene „Geister" eingeladen und unterhalten sich.

Botschaft

Das Stück kann als sehr lockerer Einstieg genutzt werden, der noch nicht sonderlich viel Inhalt mit sich bringt aber viel Möglichkeiten des „Einhakens" bietet.

Benötigt

Mind. fünf Schauspieler (in neun Rollen)

- Arne Will (A): Anzug
- Anheizer (R): Lockere Kleidung, Käppi
- Heiliger Geist (H): nur eine Off-Stimme
- Weingeist (W): Schwarze Klamotten, Gesicht weiß geschminkt, Weinflaschen, Weintrauben
- Teamgeist (T): Schwarze Klamotten, Gesicht weiß geschminkt, Pappschild mit „Teamgeist"
- Geistlicher „Bruder Hein" (B): Talar
- Klosterfrau Melissengeist (K): Schwarze Klamotten, Gesicht weiß geschminkt, Pappschild mit „Melissengeist"
- Hui Buh (U): Schwarze Klamotten, Gesicht weiß geschminkt, weißes Laken mit Loch für den Kopf
- Zeitgeist (Z): Schwarze Klamotten, Gesicht weiß geschminkt, große Uhr aus Pappe o.Ä.

Außerdem benötigt: Beamerbild 1 („Arne Will – BeGEISTert sein: Das Geisterduell" – vom Layout her angelehnt an die TV-Show „Anne Will"), Beamerbild 2 („Bei Dunkelheit oder Angstzuständen fragen Sie Ihren Geist oder Exorzisten"), jeweils Pappschilder mit Textzeile „Applaus", „Ooh", „Ahh", „Buuh", „Nein!!!", „tztztztz", „BrummBrumm" und vier Stühle.

Stück

Beamerbild 1 wird eingeblendet. R betritt die Bühne.

Licht an.

R Herzlich Willkommen bei Arne Will! Ich bin Tommi der Einheizer und mache euch jetzt fit für die Show. Also, wenn gleich der unglaubliche Arne Will auf die Bühne kommt, dann klatscht ihr, bis die Hände glühen. Und das ist euer Zeichen:

> *R hält Schild „Applaus" hoch. Ggf. hält er das Schild erneut hoch, wenn zu wenig Applaus beim ersten Mal kommt.*

R Und ich habe noch mehr Schilder mitgebracht!

> *R hält nacheinander die Schilder hoch mit „Ahh", „Ohh", „Buuhhhhh".*
>
> *Beim letzten Schild kommt U auf die Bühne.*

U Oh, bin ich jetzt dran?

> *R reißt Schild hoch mit „NEIN!"*
>
> *U verschwindet.*

R Hui Buh sehen wir gleich noch. So, und jetzt noch schnell die restlichen Schilder:

> *R hält die Schilder hoch mit „tztztztztz" und „BrummBrumm".*

R Ihr macht aber auch jeden Blödsinn mit!

Und jetzt: ARNE WILL!

> *R hält „APPLAUS" hoch. A betritt die Bühne.*

A Danke, Danke.

> *A beschwichtigt den Applaus.*

A Unser Thema heute: „BeGEISTERT sein: Das Geisterduell". Meine ersten Gäste: Der Klosterfrau-Melissengeist!

> *R hält „Applaus"-Schild hoch. K betritt die Bühne und setzt sich.*

A Der Geistliche Bruder Hein!

> *R hält „Applaus"-Schild hoch. B betritt die Bühne und setzt sich.*

A   Der Teamgeist!

>   *R hält „Applaus"-Schild hoch. T betritt die Bühne und setzt sich. Auch A setzt sich nun in die Runde.*

A   Wenn´s vorne juckt und hinten beißt, hilft Klosterfrau Melissengeist. Was bedeutet das für uns?

K   In einem gesunden Körper steckt immer ein gesunder Geist. Stärken Sie Ihren Körper und Sie stärken so auch Ihren Geist.

A   Nicht gerade *geist*reich der Spruch. Hat der Teamgeist mehr zu bieten?

T   Also…, nur gemeinsam sind wir stark. Jede Kette ist so stark wie ihr schwächstes Glied. Einer für alle. Tchaka, wir schaffen das. Wir sind das Volk!

B   Das ist mir jetzt aber zu blöd hier. Das soll eine ernsthafte Sendung sein? Das ist Geschwafel auf Kerner-Niveau! Ich dachte, es geht hier um DEN Geist.

>   *U kommt auf die Bühne gestürzt.*

U   GENAU! Bin ich *jetzt* dran?!

>   *R hält Schild hoch mit „NEIN". U geht ab.*

A   Ich glaube, diesen Teamgeist sollten wir in unsere Nationalmannschaft schicken.

K   Das wäre zumindest mal eine echte Herausforderung!

A   Bruder Hein, könnten Sie sich Ihren Geist bei der Deutschen Nationalelf vorstellen?

B   Meinen Geist würde ich jetzt gerne Ihrer Sendung wünschen.

A   Und damit gehen wir in die Werbung und begrüßen in wenigen Minuten weitere spannende Gäste. Bleiben Sie dran!

>   *Licht aus.*

>   *Es erscheint Beamerbild 2. B, T, K gehen ab und ziehen sich schnell um. U „schwebt" von hinten in die Kirche und macht Faxen und verteilt Süßigkeiten. R pudert A das Gesicht. Wieder Beamerbild 1.*

Licht an.

R   Es geht weiter! 3-2-1-…

    R hält das „Applaus" Schild hoch.

A   Herzlich willkommen zurück zu „Arne Will – BeGEISTERT sein". Begrüßen Sei mit mir meine neuen Gäste: Den Weingeist!

    R hält das „Tztztz" Schild hoch. W betritt die Bühne und setzt sich.

A   Den Zeitgeist!

    R hält das „Ahh" Schild hoch. Z betritt die Bühne und setzt sich.

A   Den Heiligen Geist!

    R hält das „Ooh" Schild hoch. Niemand betritt die Bühne. W und Z schauen irritiert auf den leeren Stuhl.

A   Und natürlich … Hui Buh!

    R hält das „Applaus" Schild hoch. U betritt die Bühne und setzt sich.

A   Fangen wir mit dem Zeitgeist an. Zeitgeist, ich freue mich, dass Sie in dieser hektischen Zeit für uns Zeit gefunden haben. Wo geht denn der Zeitgeist derzeit beizeiten zurzeit hin.

Z   Weg! Am liebsten weg!

W   Apropos weg. Was ist mit dem Kollegen „Heiliger Geist"? Ist der auch weg?

Z   Weg?

U   Wie weg?

Z   Na, weg!

W   Was weg?

Z   Wo weg?

U   Warum weg?

Z   Weshalb weg?

W   Wann weg?

U   Einweg!

W   Mehrweg!

     Aus dem Off spricht nun H:

H   Nicht weg – sondern hier!

     A ist leicht irritiert.

A   Ja,.. eh…also…hmm. Jetzt bin ich aber wirklich begeistert, ich hoffe, SIE auch! Wir sehen uns nächste Woche wieder, dann mit Hui Buh zum Thema „Halloween war vorgestern – morgen ist Montag".

     Kurze Pause, dann hält R das Schild „Applaus" hoch.

     Licht aus.

BEWEISE MIR GOTT!

Thema

Gottesbeweis, Glaubenskurs, Zweifel, Glaube

Zusammenfassung

Gott ist angeklagt wegen Verletzung der Aufsichtspflicht auf der Erde und grober Fahrlässigkeit im Umgang mit der Natur. Der Richter ruft einige Zeugen auf, um zu klären, ob dieser Gott überhaupt existiert.

Botschaft

Das Stück wirft Fragen auf, an die anschließend gut angeknüpft werden kann: Kann man Gott überhaupt beweisen? Was wären Beweise, die zählen würden? Wie verhalten sich Glaube und Wissen zueinander?

Benötigt

Drei Schauspieler (in fünf Rollen)

- Richter (R): Talar oder richterähnliche Kleidung, Hammer
- Gerichtsdiener (G): Anzug, Schriftrolle, BILD-Zeitung
- Noah (N): Verwuscheltes Haar, in einem Sack o.Ä. gekleidet
- Petrus (P): Jesus-Latschen und weite Tücher als Kleidung
- Professor (S): Chemie-Brille, weißer Kittel, Zeigestock

Außerdem benötigt: Anklagebank, ein Stuhl, Beamerbild 1 (Gerichtssaal), Beamerbild 2 (wirre, sehr lange Gleichung).

Stück

Licht an.

Beamerbild 1 wird eingeblendet. R betritt die Kanzel (das Richterpult), die leere Anklagebank mit Stuhl ist in Richtung Publikum gerichtet. G betritt die Bühne, entrollt eine Schriftrolle und liest laut vor:

G Es ist angeklagt: GOTT.

Es werden folgende Anklagepunkte erhoben: Verletzung der Aufsichtspflicht mit daraus resultierender Todesfolge in mindestens Zwei Millionen Fällen. Grobe Fahrlässigkeit im Umgang mit der Natur mit Sachschaden in Milliardenhöhe. Der Angeklagte hat sich wiederholt – unter Missachtung mehrfacher Vorladungen – dem Zugriff der Justiz entzogen. Der Angeklagte lässt sich angeblich durch seinen Sohn vertreten. Dieser gilt nach derzeitigem Stand der Ermittlungen jedoch seit annähernd 2000 Jahren als verschollen – Der eindeutige Tod konnte wegen Nichtauffindbarkeit nie festgestellt werden.

Es bestehen daher erhebliche Zweifel an der tatsächlichen Existenz des Angeklagten. Zur Klärung der strittigen Existenzfrage finden heute im Saal 1 Zeugenvernehmungen statt.

G tritt ab. R haut mit seinem Richterhammer.

R   RUHE im Saal! Die Verhandlung ist eröffnet! Gerichtsdiener, bringen Sie den ersten Zeugen herein!

G führt N hinein.

R   Ihr Name?

N   Noah.

R   Wohnhaft in?

N   Hausboot, in der Bergstraße 1.

R   von Beruf?

N   Schiffsbauer.

R   Sie sind der Verrückte aus der Zeitung?!

G tritt vors Publikum und liest aus der BILD Zeitung:

G   Vater von 3 Kindern baut Titanic – Bislang unbescholtener Bürger baut das größte Schiff der Welt im Garten; Glaubt an Auftreten einer Sintflut!

R   Zeuge Noah, Sie haben zu Protokoll gegeben, das Schiff im Auftrag Gottes gebaut zu haben.

N   Ja.

R   Hat Gott dazu persönlichen Kontakt mit Ihnen aufgenommen?

N   Ja.

R   Wie alt sind sie eigentlich?

N überlegt kurz und redet zögernd.

N	Ich denke so 700... oder 800... nein, das müssen mehr sein. Entschuldigung, ich habe das inzwischen aus den Augen verloren. Was würden Sie denn schätzen?
R	So kann das Gericht nicht arbeiten! Der Zeuge zeigt erhebliche Anzeichen von Altersdemenz und kann nicht weiter vernommen werden! Gerichtsdiener, bringen Sie den nächsten Zeugen!

N geht zittrig ab. G führt P hinein.

R	Name?
P	Simon Petrus.
R	Wohnhaft?
P	Petersdom, Rom.
R	Beruf?
P	Menschenfischer.
R	Zeuge Petrus, Sie haben zu Protokoll gegeben, den vorgenannten Sohn des Angeklagten persönlich getroffen zu haben. Können Sie das dem Gericht bestätigen?
P	Ja.
R	Wann haben Sie ihn das letzte Mal gesehen?

P grübelt kurz.

P	Lassen Sie mich überlegen. Das muss damals so gegen 3 Uhr nachmittags gewesen sein. Denn ich dachte noch: Mann, ist das heiß heute!
R	Geht es vielleicht noch etwas genauer?
P	Mindestens 40 Grad!
R	Nein! An welchem Datum genau und wo haben Sie den Genannten zuletzt gesehen?!
P	Also ungefähr eine Woche nach seiner Auferstehung, auf dem Ölberg. Vor seiner Himmelfahrt war das logischerweise noch...

R fragt sehr ungläubig.

R   Himmelfahrt?!

P   Ja sicher, bei wem hatten Sie denn Konfirmandenunterricht?

R   Das Gericht stellt fest, dass auch dieser Zeuge nicht vernehmungstauglich ist.

> *G bringt P hinaus. R ersten Satz mehr zu sich selbst:*

R   Himmelfahrt...

Ich bitte den letzten Zeugen herein!

> *G führt S hinein.*

R   Professor, Ihre Personalien liegen uns vor. Sie behaupten, den wissenschaftlichen Beweis für die Existenz Gottes aufzeigen zu können.

S   Ganz genau.

R   Bitte führen Sie uns Ihren Beweis vor.

S   Sehr gern.

> *Beamerbild 2 wird eingeblendet. S erklärt die darauf ersichtlich Gleichung völlig wirr und unlogisch. Am Ende steht ein „ = Gott" in der Gleichung. Nach kurzer Zeit unterbricht R genervt:*

R   Aufhören! So kommen wir nicht weiter. Die Sitzung wird vertagt!

> *S tritt ab. G kommt auf die Bühne.*

G   Zur nächsten Zeugenvernehmung sind eingeladen: Papst Benedikt der XVI, G.W. Bush und Paulchen Panther.

> *G rollt Schriftstück wieder ein, geht ab und murmelt ungläubig:*

G   Paulchen Panther...

> *R verlässt kopfschüttelnd die Kanzel und murmelt:*

R   Himmelfahrt...

> *Licht aus.*

THEMENREGISTER
Alphabetisch sortiert und mit Seitenzahlangaben

Außerirdische *76*

Beziehung *61*

Bibel *76*

Engel *32, 52*

Entscheidung *20, 66*

Ewigkeit *11, 35*

Finanzen *66*

Freiheit *23*

Gebet *32*

Gemeinschaft *27*

Gesundheit *61*

Glaube *16, 96*

Glaubenskurs *16, 20, 96*

Glück *56, 81, 86*

Gott *11*

Gottesbeweis *96*

Heiliger Geist *39, 91*

Himmel *32*

Innerer Frieden *42*

Jesus *66*

Karriere *61*

Konsum *66*

Kreuz *11*

Lästern *86*

Meinungsbildung *86*

Nächstenliebe *52*

Ökumene *27*

Ostern *11*

Perspektivwechsel *76*

Postmoderne *20, 47*

Religion *76*

Religionsvielfalt *20*

Seele *42*

Segen *56*

Sinn des Lebens *81*

Spannungsfeld *47*

Stress *61, 72*

Suche *16*

Tod *35*

Trinität *27*

Urteilen *86*

Weihnachten *47, 52*

Wiedergeburt *11*

Zeit *72*

Zweifel *96*